名师名校名校长

凝聚名师共识
圆走名师关怀
打造名师品牌
培育名师群体

我的篮球 我的节奏：

中小学篮球教育
研究与实践

陈凤林 著

人民文学出版社　天天出版社

图书在版编目（CIP）数据

我的篮球 我的节奏：中小学篮球教育研究与实践 /
陈凤林著. — 北京：天天出版社，2023.12
ISBN 978-7-5016-2228-3

Ⅰ.①我… Ⅱ.①陈… Ⅲ.①篮球运动—教学研究—
中小学 Ⅳ.①G633.962

中国国家版本馆CIP数据核字（2023）第248860号

责任编辑：范景艳　　　　　　　　美术编辑：曲　蒙
责任印制：康远超　张　璞

出版发行：天天出版社有限责任公司
地址：北京市东城区东中街42号　　　　邮编：100027
市场部：010-64169902　　　　　　　　传真：010-64169902
网址：http://www.tiantianpublishing.com
邮箱：tiantiancbs@163.com

印刷：北京政采印刷服务有限公司　　经销：全国新华书店等
开本：710×1000　1/16　　　　　　　印张：16.125
版次：2023年12月北京第1版　　　　印次：2023年12月第1次印刷
字数：255千字

书号：978-7-5016-2228-3　　　　　　定价：58.00元

  篮球是我国"三大球"计划的重要组成部分，篮球运动的发展对于提振"三大球"工作，实现国家体育强国战略具有的重要现实意义。篮球运动也是青少年最喜欢的运动之一，是校园体育中青少年参与度比较高的运动项目。近年，全国初高中篮球联赛在CUBA的引领下迅速发展，促进青少年篮球业余训练开展。体教融合背景下，校园篮球不但在促进青少年参与体育锻炼中起到重要作用，而且开始承担起高水平体育后备人才的培养任务，承载着中国篮球事业发展和弘扬中华民族精神的重要职责。

  尽管校园篮球活动开展得如火如荼，青少年踊跃参与其中，篮球社团活动、校内篮球比赛热火朝天，但中小学校园篮球课程教学也面临着很多困境，突出表现在学生在课堂内外的活动状态截然不同，课余学生喜欢篮球活动，在体育教学中却表现得并不是那么积极；多数体育教师凭着经验执教，学生在什么年龄段应该达到什么学习程度，却始终缺乏有效的整体课程设计。教师在课堂教学中更多是对单一动作的教学，缺乏对篮球运动技能运用、内在价值、育人功能的挖掘，教法单一，评价不知评什么、如何评等一系列问题束缚着校园篮球发展。

  笔者从事中小学体育教学及青少年篮球训练工作近28年，坚持篮球教育，与工作室团队不断进行篮球教学实践探索、特色活动开展、搭建中小学篮球竞赛平台，致力于在区域学校普及篮球运动。为解决篮球教学中小衔接问题，在中小学不同年段开展课例研究、篮球活动课程素材收集整理，按照不同年段学生特点及实际学习能力编写篮球课程资源，逐步形成一套适用于区域的篮球课程资源，并在区域篮球特色学校中首先推广使用。现区域篮球特色学校小学阶段已经形成相对成熟的课程体系，多所小学的篮球课程开展效果明显，并取得比较丰硕的教学成果。

笔者多次带队参与省、市中学生篮球比赛，连续组织过十二届区域中小学篮球比赛，见证了很多青少年在篮球赛场上喜与悲的洗礼中的成长，从不同侧面感受到篮球对于青少年健康成长的深刻影响。对青少年而言，篮球不仅是一种体育爱好，更是一种文化和精神的象征，一种积极向上的生活态度。反思体育教学与课外学生篮球活动截然不同的参与状态，更深刻感受到篮球运动教学需要系统化的设计与实施，才能更好地发挥篮球育人功能，促进青少年健康成长。

本书从篮球运动发展、特点分析，对篮球基本知识与运动技能及技术组合的运用进行归类梳理；根据不同年段学生的身心特点与学习能力进行篮球知识与技能结构化设计，对小学、初中、高中学段的篮球运动教学进行整体框架构建；以不同主题进行篮球运动大单元或模块教学设计，促进学生对篮球运动的整体认知与能力提高。书的第一章介绍篮球运动缘起、中国篮球发展及现在校园篮球发展，旨在帮助学生梳理篮球历史与发展特点，为其进一步学习奠基。第二、三章是篮球基本技术、基本战术的学习与运用，为学生进行知识结构化重构提供技术支持。第四章是本书的重点，主要对小学、初中、高中学段的篮球运动教学进行整体框架构建；以不同主题进行篮球运动大单元教学设计。为解决篮球运动技术教学在各学段教材内容低级重复、学段不能衔接等突出问题，重新对篮球课程内容进行分类，建立每个学段需要教什么、教到什么程度、用什么方法教的纵向进阶衔接、横向关联发展的篮球课程体系，期望对解决当前困扰校园篮球教学的学段衔接问题以启示，为广大一线同行在篮球教学及青少年训练拓展思路。

笔者长期参与青少年篮球训练、带队参与各层级篮球比赛获得全国、省篮球比赛冠军，在平时训练、比赛过程中善于与学生交流，了解了他们对篮球训练的真实体验与感悟。因此，在第五、六章根据自己带队训练、比赛及在组队过程中的工作思路，对于青少年的篮球训练提出自己的观点与看法，期望对校园篮球的青少年培训有所启发。

目录
CONTENTS

第四章　中小学篮球运动教学一体化衔接的案例与分析

第五章　学校青少年篮球训练

第六章　创新学校青少年篮球训练案例总结及分析

第一章
篮球基本知识

　　篮球运动风靡世界，受到人们的关注和喜爱。尽管篮球相对于足球、田径、游泳等热门体育运动项目出现时间较晚，但篮球诞生后表现出旺盛的生命力，很快得到了全世界公认并得以迅速发展。篮球运动趣味性、欣赏性强，有团队性、对抗性、开放性、合作与个性结合等特点。

　　如今，各种由篮球运动衍生出的街头篮球、花式篮球、三人篮球比赛等形式的篮球运动发展迅速，篮球已经成为全世界青少年最热爱的运动项目之一。

第一节 篮球缘起与发展

现代篮球运动起源于美国东部马萨诸塞州斯普林菲尔德市基督教青年会斯普林菲尔德学院。1891年，基督教青年会学校体育教师詹姆斯·奈史密斯受当时工人与小孩儿在游戏中将球投入桃子筐中并计算投中数量来决定游戏的启发，发明了这一运动。当时称为"奈史密斯球"，后又称"筐球"，最后根据活动的内容是向篮球筐中投球，从而将其形象地命名为篮球。

一、篮球运动的发展

篮球运动在形成初步规范后，由于其趣味性、团队性强且规则简单、容易学习等，很快在美国传播开来，每场篮球比赛都吸引了大量的观众参与，成为当时的时尚运动。在风靡全美国之后，篮球运动很快传入其他国家及地区，引起世人参与。到了1936年德国柏林奥运会，篮球正式被列入奥运会的比赛项目，成为专业运动，广受全世界人们关注。在篮球运动一百多年的发展史中，经历几代人的努力，从规则完善、普及、提高等逐步发展成为世界最受欢迎的运动项目之一。篮球作为校园体育中最受青少年追捧的运动项目，发挥着育人功能，对青少年的成长产生积极的影响。

（一）篮球初创时期：19世纪90年代至20世纪20年代

1891年篮球运动大致形成规范后，为防止类似足球、橄榄球等比赛场上粗野动作等出现，1892年奈史密斯编写了《青年篮球会规则》，运动规则的制定使篮球运动的趣味性大幅提升，吸引更多人参与其中。篮球比赛每队上场人数由最初的10人逐渐减为9人、7人，1893年规定为5人。篮球运动1892年传入与美国相邻的加拿大，1895年进入中国，19世纪末至20世纪初传到欧洲。

（二）篮球运动完善、推广时期：20世纪30至40年代

篮球运动进入欧洲后，得到公认并迅速发展。1932年国际业余篮球联合会（FIBA）在瑞士日内瓦成立，负责制定国际篮球比赛规则、篮球比赛用的篮球场和篮球规格，负责国际篮球比赛执法的裁判、举办大型篮球比赛地点等组织工作。1936年德国柏林奥运会男子篮球比赛被列入正式比赛项目。篮球项目成为奥运会正式比赛项目后至1948年这十几年间，多次修改篮球规则，这些规则的完善在很大程度上决定了篮球运动的发展趋势。

（三）篮球运动普及、发展时期：20世纪50至60年代

1946年4月，美国波士顿花园老板沃尔特·阿·布朗发起成立了"美国篮球协会（简称BAA）"，布朗首次提出了后来成为现代职业篮球两大基石的高薪制和合同制。1949年，在布朗的努力下，美国两大篮球组织BAA和NBL合并为"全国篮球协会（简称NBA）"，至此，为篮球运动进入职业化比赛奠定基础。1952年及1956年奥运会篮球赛场，出现多名身高超过2米的运动员，篮球进入高空时代，进一步提高了比赛观赏性。20世纪50年代后期，通过规则的修改提升篮球比赛的攻守速度，赛场上对于运动员的身体、技术、战术以及意志、作风等方面都不断提出更高的要求，促进了篮球技术水平的迅速发展。

（四）篮球运动全面提高时期：20世纪70至80年代

进入20世纪70年代，篮球比赛开始出现运球、传球、投篮等技巧多样化及展现出单、双手扣篮等现象，提高了比赛的精彩程度及观赏性。相较于男子篮球的迅速发展，女子篮球则在20世纪初才开展起来，并于1976年在加拿大蒙特利尔奥运会上正式成为比赛项目。进入20世纪80年代以来，篮球运动呈现高水平全面攻守对抗特点，同时，也出现了技术全面、特长突出的球员，球星在队伍中起到举足轻重的作用，他们的一举一动吸引青少年模仿，并积极参与篮球运动。

（五）篮球运动创新攀高时期：20世纪90年代至今

1992年西班牙巴塞罗那奥运会，篮球职业选手可以参加奥运会比赛。美国由乔丹等组成篮球队，展现出出色的技巧及对抗能力，一举夺冠，为世人奉献了八场精彩比赛，提升了篮球比赛的关注度，也促进了篮球发展。2000年部分欧洲顶级的篮球队和联盟突破了传统的欧洲职业体育模式，以私营机构的模式创建了横跨欧洲的全新体育赛事。欧洲联赛的崛起，促进了欧洲篮球的高水平发展，使世界篮球格局产生了一些变化。就算是美国职业联盟组建的梦之队也很难像以前那样所向披靡，分别在奥运会及世界锦标赛输给欧洲及南美阿根廷等球队。越来越多非美国本土球员成为美国篮球职业联赛的顶级球星，篮球发展呈多元化。

（六）现代篮球的发展多元化：2010年以来

自2010年以来，篮球发展出现了一些重要的趋势。第一，3分球的兴起。在过去的十年中，3分球已经成为篮球比赛中的一个重要武器。球队注重3分球的训练和使用，导致比赛的风格发生了较大变化。第二，快攻篮球的普及。随着技术和训练水平的提高，许多球队开始更加注重高速进攻，追求快速得分。第三，篮球市场的全球化。越来越多的球员来自不同的国家和地区，并加入了世界高水平的篮球联赛中。篮球运动越来越具有全球性，各国的篮球水平也在不断提高。第四，数据分析在篮球中的运用。随着技术的进步，数据分析在篮球中的应用变得越来越重要。球队和教练员们利用数据来分析比赛和球员表现，以制订更有效的战术和训练计划。第五，篮球产业的快速发展。篮球产业在过去的十年中出现了爆炸式增长。球队和球员的价值不断增加，球衣、球鞋等相关产品的销售也呈现出井喷式增长。篮球产业已经成为一个巨大的商业市场。第六，社交媒体对球员影响的增加。社交媒体的兴起使得球员们能够更加直接地与球迷互动和传达自己的声音。球员们的形象和声誉对他们的职业生涯及价值变得越来越重要。

综上所述，2010年后篮球的发展趋势包括3分球的兴起、快攻篮球的普及、篮球市场的全球化、数据分析在篮球中的运用、篮球产业的快速发展以及社交媒体对球员影响的增加。这些趋势共同塑造了现代篮球的面貌，并对未来的篮球发展产生了深远的影响。

二、篮球运动发展的特征

（一）全球化

篮球运动已经成为全球最受欢迎的体育项目之一。国际篮球联合会（FIBA）成立于1932年，目前已有214个会员国和地区，两年一届的篮球世界杯和四年一届的奥运会等篮球比赛的参与国家越来越多，不同地区和国家之间通过区域赛事的交流合作越来越频繁。

（二）专业化

随着篮球的普及和发展，越来越多的职业篮球联赛和俱乐部涌现。美国篮球职业联赛NBA作为世界上最高水平的职业篮球联赛，拥有全球最高水平的球员和最先进的赛事运营模式。其他国家和地区也相继成立了自己的职业篮球联赛，如西班牙的ACB联赛、中国的CBA联赛等。2000年，欧洲突破传统模式成立欧洲篮球联赛，在很大程度上促进了欧洲篮球运动的发展。

（三）大众化

篮球作为一项大众体育运动，吸引了大量的参与者。无论是职业球员还是业余爱好者，都可以通过参加篮球比赛或者加入篮球俱乐部来享受篮球运动的乐趣。篮球运动也成为一种普及、通用的体育语言，促进了人们之间的交流与沟通。

（四）科技化

随着科技的不断进步，篮球运动也越来越依赖科技的支持。例如：引入视频裁判和技术判罚系统提高裁判水平；使用数据分析、虚拟实境等技术来提高球队的训练和战术水平；使用智能设备和传感器来监测运动员的身体素质和训练情况等。高科技的介入不仅提高了球员的训练水平和比赛表现，对运动员伤病的预防和康复也起了积极作用，同时改善了比赛时观众的观赛体验。

（五）全民健身

随着社会发展，人们健康意识的提高，越来越多的人开始关注体育运动的健身作用。篮球作为一项运动强度较大的项目，不仅能够锻炼身体素质，提高心肺功能，还能培养团队协作和竞技精神。篮球运动已经成为许多人日常生活的一部分，促进了全民健身的发展。

三、篮球比赛的发展趋势

随着世界各国篮球水平的不断提高，篮球比赛中高强度的对抗成了现代篮球的主旋律。因此，今后发展的新趋势将继续向着"高""快""全""准""变"和"女篮男化"技术、战术运用艺术化的方向发展。

20世纪90年代以来，随着世界篮球职业队伍参加奥运会，推动世界篮球运动跨入了一个崭新的创新发展期，达到了技艺化的新阶段。1992年巴塞罗那第25届奥运会篮球赛中美国"梦之队"的绝佳表现，显示着篮球运动整体内容结构和优秀运动队伍综合智能、技能、能力结构发生了质的变化。至此，篮球的发展新趋势在继续向着"高""快""全""准""变"的方向转变，其含义将更富有新意，相互间将融为一体，从而使人感受到篮球竞赛的球场越来越小；每回合进攻时间越来越短，球场攻防转换越来越快；攻守队员身体接触越来越近；女子与男子的对抗形式越来越难区分。

（一）世界篮球发展的特征

1. 更高

篮球运动的"高"，时代已赋予其新意，"高"的内涵和外延均发生了新变化。第一，世界强队普遍重视队伍的平均高度的增长。美国等世界优秀队伍中的高大队员在世界赛场上均能将惊人的弹跳力、敏捷的奔跑移动以及无与伦比的技术和技巧融于一身，展现绝妙的表演，从而成为当代世界篮球运动中高大队员的典范。第二，随着高大运动员的大量涌现，高空争夺更为突出，能否占据空中优势，已成为衡量队伍水平的重要标志，于是创新的各种立体型的战术配合方法，为世界篮球运动增添了许多新内容。

2. 更快

篮球竞赛中进攻有时间限制，一次进攻必须在24秒内结束。世界篮球运动强化了"快"的意识，掀起了全面"快"的浪潮。尤其是现在篮球的攻击范围越来越大，很多快攻最后直接以三分球结束，每回合的进攻时间呈越来越短趋势，攻防节奏不断加快。今后的趋势有可能还要将进攻限制时间进一步缩短，给篮球运动提出了更快的速度要求，使其进一步形成各种更快推进的技术、战术配合。

第一，继续加快进攻速度，主动争取时间，增加攻击次数；第二，继续强调提高攻守转换速度；第三，继续提高运用技术和战术间衔接的速率，加快转换战术变化的节奏，都将促使现代篮球运动向更快层次延伸。

3. 更准

现在篮球竞赛呈现的高比分的现象是由于：第一，以三分球为重点的投篮准确性继续提高；尤其是一批外线型球星的横空出世，三分球的投篮距离越来越远，致使防守队员不断扩大防守位置，现在的内线队员几乎都掌握一手三分球，致使比赛战术更加多样化；第二，掌握攻守技术、运用攻守技术及变化精确性提高，运动员对于场上情况的阅读能力加强，能够精准判断防守的意图而作出应变；第三，比赛节奏加快，攻防强度提高，使战术配合的时间与空间、地面结合的准确性提高。

4. 更全面

从近几届世界大赛不难看出，现代篮球运动向整体篮球发展，过去那种靠一两个球星取胜的时代逐步退出历史潮流。现代篮球讲究"全"的要求是：

（1）运动员素质全面，既要有对抗能力又有速度和弹跳能力。

（2）重视全面综合篮球技能，培养技术全面又有特长的队员，个人的技能能够很好地融入团队配合。

（3）对于现代运动员，必须头脑清晰，能够观察对手及同伴的移动位置，迅速对比赛场上的攻防形式做出判断并组织对应的攻防。

（二）篮球发展趋势对于青少年篮球培养的启示

从现代篮球的发展趋势看，未来的篮球队员不但要有全面、扎实的基本功，高强度对抗还要求球员的身体素质更高，能够把个人的技能融入集体配合。球员必须兼备场上的观察能力，判断并理解比赛的变化，迅速应变。这对于青少年的基本功、体能、对篮球比赛理解都提出了更高的要求。

1. 专业化培训

现代篮球发展要求球员拥有更高的技术水平和身体素质。因此，对青少年进行专业化的篮球培训非常重要。学校需要提供优质的教练团队和培训设施，培养青少年的技术基础和训练素养，为他们未来的发展打下良好的基础。

2. 多元化训练

现代篮球比赛的节奏更快、竞争更激烈，球员需要具备全面发展的能力。因此，青少年培养首先要注重多元化训练，全面发展青少年的身体协调性、运球、投篮、传球等多项技能，培养他们的全面篮球技能；其次多种技术组合衔接熟练，能够根据场上的变化作出快速应变。

3. 强调团队精神

现代篮球比赛注重团队协作能力。培养青少年，更要强调团队精神的重要性，让他们明白篮球是一项集体项目，只有通过合作才能取得胜利。通过创设团队活动、比赛和合作训练，让青少年学会在比赛中建立良好的沟通渠道，懂得同伴之间相互支持、相互鼓励，明白合作共赢的道理。

4. 重视心理素质

现代篮球比赛的压力很大，胜负往往在一球之间，而且比赛的对抗程度高，球员需要具备良好的心理素质来面对各种挑战。培养青少年，要注重培养他们的心理素质，包括自信心、决策能力、抗压能力等。心理训练和比赛经验的积累，能够提高青少年的心理素质，使他们在压力下依然保持良好状态。

5. 健康的生活方式

现代篮球发展倡导健康的生活方式，包括合理饮食、适度运动和良好的休息。青少年培养中除了注重在篮球技能训练之外，还要培养他们良好的生活习惯和健康意识，养成定时锻炼、科学膳食和合理作息的习惯，促进他们的身心健康发展。

总之，现代篮球的发展趋势要求培养青少年的专业化、多元化，并注重团队精神、心理素质和健康生活方式的培养。篮球发展趋势对于青少年的篮球成长道路给予启示，理解这些将帮助青少年在篮球运动中获得更好的发展，并使他们有希望在未来成为优秀的篮球运动员。

第二节　中国篮球发展

清朝末期，大批的西方商人与传教士来到中国。1896年前后，篮球运动诞生不久就由天津中华基督教青年会传入中国，随后在北京、上海基督教青年会开始进行篮球运动。120多年来，篮球运动在中国的传播、普及、发展，逐步成为大众认同、青少年喜欢的运动项目。

一、发展初期（1896年至1949年）

篮球运动传入中国后，主要在天津青年会普通中学和南开中学等学校开展，在1910年全运会第一届运动会上举行男子篮球表演赛之后，社会各界给予高度重视，全国各大城市的大中学校的篮球运动逐渐开展起来。早期篮球运动开展得比较好的有天津、北京、上海等地。其间，篮球运动的开展主要在院校之中，没能在广大群众中普及，推广面比较窄，竞赛活动较少，参加国内外各种竞赛中表现出整体水平较低。

二、发展中期（1950年至1995年）

进入新中国，篮球运动在中国的普及、发展及提高进入新阶段，在"发展体育运动，增强人民体质"的健身方针倡导下，篮球运动由于开展场地简易，具有趣味性、团队性、对抗性等特点，广受欢迎。

新中国成立后，国家体委十分重视篮球运动开展，成立相关主管部门组织篮球训练。1950年，第一支外国篮球队——苏联国家男子篮球队访华交流，在一系列的比赛中，苏联国家队轻易战胜我国球队，引起举国上下较大反响。受此影响，中国体育界开始总结讨论中国篮球的发展，在"勇猛顽强、积极主

9

动、灵活快速、全面准确"的训练指导思想下，逐步形成"狠、快、准、灵"的技术风格。通过举国努力，20世纪60年代中期，中国篮球在运动训练、竞赛、群众普及及科研管理等方面初步确立了自己的体系。

1983年是中国现代篮球运动腾飞的一年。中国男、女篮球队继在亚洲比赛中获得冠军后，中国女子篮球队在第九届世界女子篮球锦标赛上获得第三名。在1986年举行的第十届世界男子篮球锦标赛上，中国男子篮球队在24支世界强队参加的比赛中，打败多个欧美强队，荣获第九名。这是中国现代篮球历史性的突破。中国篮球逐渐在亚洲确立霸主地位，1984年7月29日，第二十三届奥运会篮球比赛在美国洛杉矶举行，中国女篮首次参加奥运会比赛，一路杀进四强，勇夺铜牌，跻身于世界篮球强国行列。

三、快速发展期（1996年至2008年）

1995年，中国篮协成立中国男子篮球职业联赛，弥补中国缺乏顶级篮球联赛的空白。使中国篮球无论在篮球竞技水平还是篮球运动的普及方面都得到长足发展，特别是中国球员进入美国职业篮球联赛，更是进一步推动了中国篮球运动的发展。中国球员在NBA取得成功，吸引着无数国人的眼光，使篮球运动逐渐成为国人最喜欢的运动之一。中国篮球职业联赛CBA的成功大幅度提升了中国篮球在国际篮球中的地位，职业化道路促使中国男、女篮的竞赛水平也得到提高，中国男、女篮竞赛成绩长期保持在亚洲前列。中国国家篮球队在北京奥运会取得了男队进前八、女队进前四的优异成绩。

中国大学生篮球联赛CUBA首届比赛于1998年正式举行，男女组分设一级联赛、二级联赛、三级联赛，三个级别每年总计有1600多支队伍参赛，覆盖我国32个省、市、自治区。CUBA无论从赛事规模、竞赛水平、人才孵化等层面都是中国体育界顶级的业余联赛，联赛不断透过赛事沉淀着中国大学生的体育文化氛围，如今的CUBA已经成为全国4000多万大学生心目中的篮球盛典，每年都有超过10亿人次通过电视、网络收看比赛直播，现场观众也超过了200万人次，其影响力仅次于中国男子篮球职业联赛。现在全国高中、初中篮球联赛及小学生篮球比赛也全面推行，篮球运动逐步完善各年段赛事，为广大青少年提供发展的平台，激励青少年参与篮球运动。

与此同时，篮球扎根于群众体育，全国的"村BA"联赛越来越火爆，各地政府抓住发展契机，把篮球赛作为"建设美丽乡村"项目，融入乡村振兴工作，以体育运动带动文化建设和产业发展。按照国家对"十四五"农民体育高质量发展的规划要求，要大力发展乡村特色体育健身产业，打造农村广泛普及的体育赛事品牌，篮球赛融入乡村文化建设，越来越多的篮球小镇产生，进一步促进了中国"草根"篮球队的发展。

四、改革与攀登阶段（2009年至今）

21世纪以来，我国在竞技篮球方面提出"系统训练、打好基础、加强体能、全面创新、百花齐放"的20字方针。2005年提出了"以世界先进篮球技战术为方向，形成全面、快速、准确、稳定、凶狠的技术风格和内外结合、攻守兼备、以守促攻、快速多变、多点进攻的战术风格"等诸多训练指导思想。职业联赛的成立使国内顶尖球员分布在不同俱乐部打球，各球队的管理、纪律、价值观等诸多问题存在差异。中国国家队多以国外教练员为主，但多数国外教练员并不了解中国篮球运动的发展历史，受限于聘期与任务，他们多按照自己熟悉的欧美篮球理念、训练指导思想来打造中国国家篮球队。但是，中国运动员与欧美运动员文化背景不同，成长过程不同，而且在思维方式、身体素质、技战术能力、个性特点方面都有较大差异，中国篮球陷入发展迷茫期，中国篮球出路在哪里？备受国人关注。

第三节 中国学校篮球普及与发展

篮球运动进入中国后，在教会及学校中传播。由于篮球运动集对抗性、集体性、观赏性、趣味性、健身性于一身，参与相对简易，很快成为青少年群体最喜欢的运动项目。

一、早期校园篮球的开展

篮球很早就进入校园，受天津、北京等地方的影响，华北地区成为我国最早开展篮球运动的地区。据了解，1903年篮球运动就已经成为当时天津书院的教学内容之一，是篮球运动进入我国学校教育的开端，也为以后校园篮球普及打下良好的基础。早期中国校园篮球运动的开展在清华、汇文等高等院校，它们对中国篮球运动的普及与发展起到积极推进作用。

二、新中国校园篮球发展

新中国成立以后，随着国家篮球竞技发展和学校体育改革，围绕着增强学生体质、提高基本运动技能的学校体育目标，篮球运动的趣味性、健身性特点凸显出来。为响应开展学校体育工作的号召，组织学生参与篮球运动成为当时教育行政部门、体育管理部门及学校的主要内容，大大推动了我国校园篮球的普及。1960年，第一套中小学体育教学大纲调整，小学增加了篮球游戏，中学教学内容增加了篮球，进一步确认篮球在我国学校体育教学的位置。

三、校园篮球的复兴时代

1979年，国家公布《全国学生体育运动竞赛制度》，把篮球作为重点的发展项目之一。与此同时，随着国家对于中小学体育工作条例的颁布、青少年业余训练工作的重视等，学校篮球运动蓬勃发展，参与篮球运动的人数，尤其是青少年迅速上升，校园篮球发展迎来春天。

四、校园篮球的高速发展期

1983年出台《体育传统项目学校试行办法》，使校园篮球的课余训练更加规范及制度化，对于促进学校篮球训练、提高学校篮球水平、推动基层篮球运动开展起到保障作用。而且随着学校业余训练水平的提高，学校篮球竞赛形成常态化、制度化，学生的篮球水平得到大幅度提高。

1998年，全国首届大学生篮球联赛CUBA拉开帷幕，对于学校篮球发展起到较大促进作用，也标志着我国篮球人才培养模式一改"纯体校、三集中"训练模式，对于拓宽我国篮球人才培养模式提供示例作用。小学—初中—高中—大学—专业队发展也成了篮球人才培养的一种模式。校园篮球赛事蓬勃开展，其意义不仅在于未来有望垒筑起中国篮球竞技人才培养的基石，也在于带动越来越多普通青少年感受篮球运动的魅力，并积极参与其中，促进青少年健康生活方式的形成。

全国高中篮球联赛始于2003年，距今已经有20多年的历史了。高中篮球联赛由原来的北上广三地到18个省、市及地区，超过128支球队参加，成为我国覆盖范围最广、参赛人数最多的篮球赛事，也深远影响着中国校园篮球的发展。如今，除了高中篮球联赛外，全国初中篮球联赛也迅速发展。2019年开始小篮球的推进，使更多的少年儿童早早在篮球赛场上崭露头角。

中国学校篮球以竞赛为窗口撬动国人体育梦。体育是一种表达方式，早期高中篮球联赛让我们看到城市之间的相似与不同。北京篮球运动尊重传统，上海篮球运动稳中求进，广州篮球运动快马加鞭、改革创新。小篮球，大梦想，小篮球比赛的推进更使篮球运动热火朝天，更多的家长、小孩儿加入篮球运动的队伍。

五、校园篮球发展的方向

青少年是中国的未来，也是篮球运动的主要参与群体，在健康中国的倡导下、大学生篮球联赛及全国高中篮球联赛领潮学校体育，越来越多的校园明星进入职业队、国家队，引起了对中国篮球后备人才培养模式的探讨思考。2020年9月，国家推出《关于深化体教融合 促进青少年健康发展的意见》，把体育与教育充分相融并形成合力，更好地发挥育人功效。

（一）体教融合拓宽篮球人才培养道路

体教融合改变了国家体育部门和教育部门的封闭状态，对教育内容和教育方式及高水平体育人才培养进行根本性的改革。"体教融合"是一个全新的观念，是我国转变竞技体育发展方式、培养优秀体育人才模式的一个全新理论和实践创新。在体教融合的背景下，校园篮球除了提高学生体质、促进学生身体健康之余，也逐步成为培养国家高水平篮球后备人才的摇篮。相信，随着体教融合的深入开展，越来越多有"篮球梦"的青少年将选择校园赛事途径追梦，校园篮球赛事发现、选拔优秀的竞技篮球人才是大势所趋。未来，学校篮球赛事亦将成为校园篮球普及的牵引器和人才培养的播种机。

（二）"三大球"计划促进校园体育发展

2019年8月10日，国务院办公厅印发《体育强国建设纲要》（以下简称《纲要》），旨在进一步明确体育强国建设的目标、任务及措施，充分发挥体育在全面建设社会主义现代化国家新征程中的重要作用。为直面积弊，《纲要》中"篮、足、排三大球"被单独提出，明确要"全面推动足球、篮球、排球运动的普及和提高"，更好地凸显了"三大球"在学校体育发展过程中的带动作用，扩大"三大球"的影响力和参与人群的受众面，青少年则必然是受益当下、改变未来的重要对象。

作为能集中展示体育教育功能的集体运动项目，《纲要》中对"三大球"的强调，除了为"三大球"的普及与提高培育土壤，更在一定程度上让其成为先行载体，促使更多青少年投入体育运动中，从而增强学生体质、强化以体育人的功能，助推《纲要》中"到2035年，青少年体育服务体系更加健全，身体素养显著提升，健康状况明显改善"的战略目标的实现。

（三）社会机构介入推动校园篮球发展

与校园足球不同，校园篮球工作的推进偏向于市场化经济运作方式，相关的运动品牌在中国青少年市场的吸引下纷纷进入其中，参与篮球赛事、师资培训、夏令营等不同形式的活动。国内俱乐部在体教融合的大背景下也牵手各中小学，共同合作青少年篮球培训，促进校园篮球的蓬勃发展。

六、校园篮球发展之思考

在学校体育教学发展历程中，一直绕着"为什么教、教什么和怎么教"的问题转圈，从学生发展不同的角度与层面进行探索。面对学生体质健康下降，中考体育应运而生，速度不行考50米，耐力不行测800米、1000米，上肢力量不行考引体向上。现在，体育教学开始围绕考试而教。然而，我们也发现中考后学生的体能状况下降、体育厌学的问题。老生常谈，为何学生都喜欢体育运动却拼命躲避体育课堂？时代发展和生活方式的改变，对体育教学提出了新的挑战，我们应该怎样教？应回溯体育本源，以体树人。

学生学习十二年体育，却未能掌握一项运动技能；学生喜欢运动，喜欢篮球，却拒绝体育课……种种的问题困扰着体育教师，也影响青少年的健康成长。校园篮球除了学生竞赛外，我们的篮球教学以什么样的方式更能触动青少年的心弦，无疑是青少年体育素养提升的关键。我们的课程目标、教学方法及组织形式应该改变，让学生喜欢篮球，而不仅仅在于一招一式的模仿，让广大学生通过篮球运动体验而提高运动兴趣、养成良好的运动习惯、形成健康生活方式，是我们继续在课堂改变的动力。

学校体育必须在"教会、勤练、常赛"上下功夫，在帮助学生享受体育乐趣的同时，掌握篮球技能。对学校体育来说，"教学是基础，竞赛是关键，体制机制是保障，育人是根本"。从大量校园篮球赛事的推广及对青少年的影响中，我们似乎可以看到，学校体育最大的革命就是要"常赛"，要组织全员参与的经常性校内体育竞赛活动，至少班级内部的比赛要经常开展，让每一个学生都有上场体验比赛的机会，都能够感受篮球团队比赛的魅力，进而爱上篮球，掌握好篮球运动技能，以篮球运动为媒介，更好地促进学生体育素养形成。

第二章

篮球基本技术学习与运用

　　《义务教育体育与健康课程标准（2022年版）》倡导知识与技能进行结构化学习。与传统体育技术教学相比，需要教师转变教学理念，以学生发展为中心，以核心素养提升为核心，进行教学设计。青少年对篮球技能的运用基于对篮球基本技能的掌握及规则的理解。因此，少年儿童篮球运动教学还是需要扎实掌握篮球的基本技术与知识。篮球基本技术包括移动、运球、传球、投篮、防守等方面。由于不同年段的学生对各项篮球技能的学习掌握程度及运用有较大区别，本章主要从篮球基本技术的练习与提高、运用进行分析，为篮球大单元教学设计做铺垫。

第一节　篮球的无球移动技术分析及运用

篮球无球移动技术是指球员在没有持球的情况下，通过灵活的身体动作和跑动路线，来创造出空间、接序机会或者制造进攻机会的技巧；也可以是防守队员通过移动堵截、夹击等干扰进攻队员的移动，破坏进攻。

一、进攻无球移动

进攻无球移动技术是指队员在没有控球的情况下，通过跑动、走位等方式创设合适的进攻空间，在篮球比赛中可以起到制造空间、分散防守、通过切入、打破防守阵型、提高团队配合的作用。

（一）切入

切入是进攻队员通过加速跑动和灵活的身体转向，突然改变跑动方向来摆脱防守球员的技术。通过快速切入，进攻队员可以获得空位并创造进攻机会。

1. 要素

切入时机、速度变化、假动作及切入路线。

2. 教学方法

通过模拟比赛情境，让学生学会根据场上攻防站位，在合适的时机以正确的方式切入篮筐附近的位置。可以通过老师示范、配合队友跑位进行练习，帮助学生掌握切入的时机和切入的路线。

（二）转身

进攻队员以中枢脚为轴进行前转身或后转身卡位，或加速移动，以摆脱防守队员，获取进攻空间。

1. 要素

低重心、转身速度、对抗、卡位。

2. 教学方法

通过演示和实践，让学生学会如何在没有球的情况下进行转身，如背身、面向篮筐转身等。可以先进行简单的练习，然后逐渐增加难度，加入对抗等元素，帮助球员提高转身技术的速度和准确度。

（三）溜底线

篮球溜底是指在篮球比赛中，球员在进攻时通过底线或底角位置进行跑动，以寻找得分机会或创造空间。溜底的动作可以是沿着底线快速奔跑，或者是在底角位置迅速变向运动。这样的跑位可以使球员摆脱防守人员的盯防，同时也能够吸引对方球员的注意力，为队友创造传球或得分的机会。溜底跑位对于球员的速度、灵活性和意识都有较高的要求，能够为球队的进攻提供多样化的选择和变化。

1. 要素

摆脱防守、快速移动、随时接应、同伴掩护。

2. 教学方法

通过讲解让学生了解溜底在比赛中的运用及整体要求，明确自己位置及有目的的跑动；模拟比赛场景，让球员学会通过各种动作摆脱防守者；探究后卫、前锋、中锋等不同位置溜底线的进攻方法。可以通过老师示范、同伴配合进行练习，帮助学生掌握溜底的时机和溜底的路线，并尝试接球进攻。

二、防守移动

防守移动包括对有球队员及无球队员的防守。防守有球队员要运用合理的滑步、撤步、交叉步、快跑等脚步移动，快速跟进进攻者，必要时堵截其移动路线。而手要始终保持干扰球的状态，尽量迫使进攻者停止运球。防守无球队员则需要根据防守策略、防守对手的位置等采用不同的移动方式实施干扰接球或接应等。

（一）防守无球队员的基本方法

防守无球队员的基本技术包括防守位置判断、防守姿势、防守移动。

1. 防守位置选择

防守无球队员时要根据对手、篮筐和球的位置与距离选择防守位置。一般情况下，防守队员为了做到人球兼顾，应与球和对手保持一定的角度和距离。站在对手与球篮之间偏向球一侧的位置上（如图2-1、图2-2所示），一般离球近则近，离球远则远些。总之，防守队员选择防守位置、距离和角度，要能控制对手的行动和随时能协助同伴防守，体现"人、球、区兼顾"的防守原则。

图2-1　防守位置选择（1）

图2-2　防守位置选择（2）

2. 防守姿势

正确的防守姿势能保证扩大控制面积和及时向不同方向移动。选择防守姿势与对手和球距离远近有关。

近侧（有球侧）防守方法：防守距离球较近的对手时，经常采用面向对手侧向球的斜前站立姿势。靠近球侧的脚在前，屈膝，重心在两脚之间，便于随时起动，堵截对手摆脱移动的接球路线。伸右侧手臂，拇指朝下，掌心向球，封锁传球路线，干扰对手接球。

远侧（无球侧）防守方法：防守距离球较远的对手时，为了便于人球兼顾和协防，经常采用面向球、侧向对手的站立姿势，两脚开立，两腿稍屈，两臂伸于体侧，掌心向着球的方向。密切观察球、人的动向，并随着球或人的移动而不时调整自己的防守位置，左右滑步。

3. 防守移动

防守时，防守队员要根据球和人的移动，合理地运用上步、撤步、滑步、交叉步、碎步、快跑等脚步动作，快速移动，抢占有利防守位置，堵截其摆脱移动路线。在与对手发生对抗时，重心下降，双脚用力扒地，两腿弯曲，扩大站位面积，上体保持适宜紧张度，在发生身体接触瞬间提前发力，主动对抗。合理配合手臂动作干扰对手视线，扩大防守空间，保持身体平衡。有效地防守必须靠灵活的脚步动作。而迅速、及时地移动，需要有一个正确的预备姿势——防守基本站立姿势（图2-3）。

图2-3　防守基本站立姿势

（二）防守有球队员的基本方法

面对持球队员的防守是面向持球队员背向篮筐，持球队员在中路时，防守队员与持球队员保持一臂距离，内侧脚脚跟与外侧脚脚尖（有球侧）成一直线，平行于底线，同时，降低重心，打开双手形成防守"面"；当持球队员在侧翼时，内侧脚脚跟与外侧脚脚尖（有球侧）成一直线，指向底角，形成防守面，防止对方突破或投篮。

（三）防守的技术运用

1. 防守有球队员的技术运用

防运球：一般情况下，为了不让对手运球超越自己，防守队员应与对手保持一臂左右的距离，两臂侧下张，两腿弯曲，在积极移动中保持正确的防守姿势，准确预判其下一步动作，保持低重心，随时准备抢、打球。如果要使防守具有攻击性，也可以采用贴近对手的平步防守，以扩大阻击面，增加对手做动

作的难度。

防守持球队员要根据对手的特点和本方的整体战术策略，需要采用不同的防守方法和策略，如为了达到一定的战术目的，可采用放其一侧，即堵中放边的策略，诱使对方向边线运球，然后迫使其停止运球，造成夹击防守。

防突破：防突破的位置和距离选择，应根据持球的对手离球篮的远近和对手的特点而定。对手距球篮远，又善于突破时，防守队员应以防突破为主，选占持球队员与球篮之间贴近对手的位置，做好防守姿势。如持球队员由投篮变为向防守队员左侧突破时，防守队员的前脚应迅速用前脚掌内侧用力蹬地，撤步并迅速向左侧斜后方滑步，阻截其突破路线；内侧手可触碰进攻队员外侧膝盖，外侧手扬起，手正对着进攻队员，随时准备断传球。

如进攻队员向防守队员右侧突破（交叉步突破）时，防守队员应迅速蹬地向右侧斜后方做后撤步，并伴随对手做横滑步，阻截其突破路线，使其被迫改变动作方式和动作方向。

防投篮：防对手中距离投篮时，应站在对手与球篮之间贴近对手的位置上，两脚前后斜站，屈膝直腰，前脚同侧手伸向对手瞄篮的球，并积极挥动，干扰和影响其投篮，重心略偏前脚，并稍微提踵，脚下要不停地前后碎步移动。另一臂侧张，以防其传球和保持身体平衡，以便随时变换防守动作。

如果防守队员距离对手较远时，应在他接到球的同时迅速移动到适当距离的位置上，如果进攻队员已接到球，而防守队员的距离较远时，防守队员就应积极挥摆前伸的手，同时积极移动脚步，逐渐接近对手，防止其接球后立即投篮。向前移动时切忌步幅太猛和过大，以免失去身体重心，使投篮队员获得突破的机会。如果投篮队员进行投篮时，或防守队员上步不及时，应随对手的出球动作，迅速顺势起跳，单臂上伸封盖，影响其投篮的方向和出手的角度。

防传球：持球队员离球篮较远时，主要的传球意图是供中锋球和转移球。因此，要了解和掌握进攻队的规律，从而采取有效措施，控制其进攻性的传球。离篮较近时，主要防其突然的传（分）球，应注意对手眼神和假动作。往往是眼向上看，球向下传；眼向右看，球向左传等。防守队员要精神集中，要见球行事，随球动而采取打、封、阻动作，打球时以肘关节为轴，前臂上下、左右迅速屈伸。必要时配合脚的动作，用抢、打、断球破坏其传球。抢、打、断球时要判断准确，动作突然、快速、准确，注意保持好身体平衡，随时保持回防动作姿态，避免被对手摆脱或造成犯规。

2. 防守无球队员的技术运用

防纵切接球：进攻队员①传球给②，防守队员1及时偏向球侧错位防守，当①向篮下纵切要球时，防守队员1应抢前移动，合理运用身体堵截纵切路线，同时伸出左臂封锁接球，迫使对手向远离球的方向移动。当①向上摆脱做要球假动作后纵切（亦称反跑）时，防守队员1应迅速下滑、面向、贴近对手①，同时转头伸左臂封锁接球。此时，也可以撤前脚后转身，面向持球队员，伸右臂封锁接球，接球利用左手或身体接触对手。（图2-4）

防横切接球：进攻队员①持球，传给同伴②，③沿底线横切要球时，防守队员3号上左脚，合理运用身体堵截，同时伸左臂封锁接球，不让其从自己身前横切要球。这时如果③变向沿面线横切时，防守队员3应面向、贴近对手迅速撤右脚、滑步，同时转头、伸右臂封锁接球，不让其在限制区内接球，迫使其向场角移动。（图2-5）

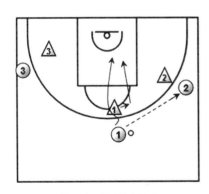

图2-4 防纵切接球

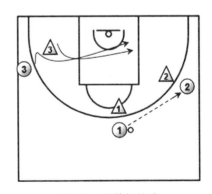

图2-5 防横切接球

当然，对于无球队员的防守还涉及内线队员罚球线策应，或者全场范围内的跑动接应等，可根据本方防守战术进行跟防、盯防。针对进篮筐、威胁大的进攻队员一般还可以采用绕前、侧身防守等多种方式进行防守，尽量迫使进攻远离篮筐。

第二节　投篮技术动作分析及运用

　　投篮是进攻队员为了将球投入篮筐而采用的各种专门动作的方法的总称，是篮球运动中主要的进攻技术，也是得分的唯一手段。一切技术、战术的运用，都是为了创造更多更好的投篮机会，力争投中得分，从而影响比赛的胜负。本节主要从投篮技术、不同投篮教学方法进行分析，以提高学生在各种真实情境中投篮技术运用能力的提升。

一、投篮技术分析

　　篮球投篮技术是一项重要的技能，它可以决定球员在比赛中得分的能力。篮球投篮技术是一个综合性的技能，需要球员在持球姿势、身体平衡、蹬地抬手和翻腕拨球方面协调进行。投篮时球最后出手的动作，是投篮能否准确命中的关键，直接影响着投篮的方向、力量、弧度和旋转，在拨球时须保持手臂动作稳定性，最后确保篮球从食、中指出手。因此，投篮命中与否与心理稳定性也有着很大的关系，只有进行综合训练和实战经验积累，才能在比赛中获得更高投篮命中率。

（一）投篮技术

　　投篮技术包括持球方法及投篮动作两部分。

1. 持球方法

　　以原地单手肩上投篮为例，投篮手五指分开，用手掌外沿和指根以上部位托住球，球的重心放在食指与中指之间，肘关节自然下垂，置球于同侧肩上，手掌与前臂、前臂与上臂基本成90度。

2. 投篮动作

投篮从基本姿势开始，用下肢蹬地发力，腰腹用力向上伸展，手臂向前上方伸直，手腕前屈，手指拨球，全身综合协调用力将球投出。关键点：伸臂举球和手腕前屈与手指拨球力量是控制与调节各部分用力的关键，也是取得合理的投篮出手角度与速度的保障。

（二）投篮准确

影响投篮准确的关键，一是瞄准点的确立，二是球的旋转与出手后形成的抛物线，三是手臂的稳定性。

二、投篮技术教学

在比赛中，根据对手的防守站位及移动情况，进攻者会采用不同的投篮方式。其中，常用的投篮方式分为原地投篮及行进间投篮。下面分别以比赛场上使用较多的原地肩上投篮及行进间低手上篮为代表，对投篮技术教学进行分析，并对常用体育教学方法进行分析。

（一）原地肩上投篮

1. 技术运用

原地肩上投篮是比赛中比较常用的投篮方法，是行进间投篮及跳投的基础。

2. 动作特点

原地肩上投篮出手点高，不容易封盖，投篮动作稳定，便于结合和转换其他技术动作，如投篮与传球结合、投篮与突破结合等，可以选择自己进攻或为队友创设进攻机会。

3. 动作要领

投篮时抬肘，向前上方伸臂、压腕、投球，把球从食指、中指指端拨出，手保持稳定。

图2-6　单手肩上投篮正面示范

4. 易犯错误

（1）持球时肘外张，出球时呈推球动作；

（2）投篮出手后，球在空中弧度低；

（3）投篮动作（手脚配合）不协调；

（4）投篮手法错误，手腕向里或外撇，无名指和小指拨球。

5. 纠正方法

练习徒手动作，促进蹬地与抬臂动作协调；体会手腕前扣，食指与中指拨球动作，投完篮以后手臂需要保持出手状态，避免影响最后手拨球在空中形成运行轨迹。

6. 教学组织

（1）对墙投篮。

（2）两人一组对投。

教学目的：熟练掌握投篮动作，形成正确的投篮姿势，动作协调。

教学组织：两人相隔4米，进行面对面投篮，随着技术掌握情况可调整距离。

要求：每一次投篮拨球后，投篮手稍固定动作，检查自己的动作是否正确。

（3）近距离投篮。

教学目的：形成正确的投篮姿势，掌握出手的弧度及拨球用力的感觉。

教学组织：离篮筐3米左右，散点练习，自投自抢。

要求：投篮后要观察自己拨球动作，发现自己最后翻腕拨球动作不正确，必须进行模仿纠正，强化肌肉记忆，形成投篮动作定型。

（4）定点投篮。

教学目的：适应各个不同方位的投篮练习，形成稳定的投篮技术，提高投篮的准确性。

教学组织：在离篮筐3—4米的不同方向处设置五个投篮点，让学生依次练习。

要求：根据不同的投篮点找好瞄准点，出手的弧度要稳定。

（5）罚球比赛。

教学目的：提高学生投篮的准确性，活跃课堂氛围，培养集体精神。

教学组织：分成人数相等的两组分别在罚球线的两边进行定时接力投篮，看谁投进球数量更多。

（6）运球急停投篮。

教学目的：运球与投篮结合，提高个人进攻能力及面对防守时能够制造更好的出手机会，提高比赛投篮的信心。

教学组织：分组探究学习，研究急停脚步动作与投篮动作的衔接。

教学要求：确立中枢脚，保持身体平衡及出手稳定。

（7）接球急停投篮。

教学目的：提高投篮出手速度，以移动变化制造投篮空间，通过节奏变化创造更好的投篮机会。

教学组织：分组合作学习，可以根据离篮筐距离、防守情况选择不同的投

篮方式完成进攻。

教学要求：接球后控制好身体重心，面对篮筐迅速形成稳定的投篮姿势。

（二）行进间投篮

行进间投篮是持球者在快速移动中进行投篮的方式。一般常用的投篮方法有高手投篮、低手上篮、反手上篮、抛投等。

1. 技术运用

行进间投篮是比赛中广泛应用的投篮方法，一般多在快攻、突破或切入篮下进攻时运用。

2. 动作要领（右手低手上篮为例）

跨右腿接球，上一步用左腿起跳、手脚配合协调，双手向上引球；最后，对着篮筐方向用手指拨球，柔和地将球拨出。

3. 易犯错误

（1）接球时，不能分辨左右脚跨步接球，造成走步或动作不协调。

（2）起跳时，身体前倾，控制不好身体的平衡，以致投篮动作变形。

（3）投篮时，手臂没有向上伸展，球没控制好。

4. 纠正方法

（1）慢动作体会右脚跨步提球动作。

（2）助跑时第一步大，第二步小，以脚后跟先着地再迅速过渡到前脚掌，用力蹬地起跳。

（3）强化最后出手拨球动作练习。

5. 教学组织

（1）模仿练习。

教学目的：通过原地模仿动作建立动作概念，形成正确的投篮方式。

教学组织：体操队形进行集体练习以及自主练习等多种形式。

教学要求：跨步接球第一步"大"、第二步稍"小"，然后迅速起跳。

（2）跨步接球投篮。

教学目的：以右手上篮为例，明确行进间接球上篮动作的顺序，养成第一步用右腿跨步持球的习惯，形成动作自动化。

教学组织：一人持球于限制区中腰，接三分线外学生传球，单手伸直持球，传球者跟进右腿跨步拿球投篮。

教学要求：右腿跨步拿球后，左腿跨步起跳投篮。

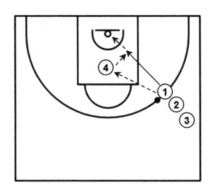

图2-7　跨步接球投篮

（3）行进间运球投篮。

教学目的：学会快速运球与投篮结合技术，提高行进间持球进攻能力。

教学组织：分成两组如下图，一组△位于篮球半场圆弧顶三分线外，一组①位于半场右侧角区，①快速运球投篮，△跟进抢篮板，轮流互换。

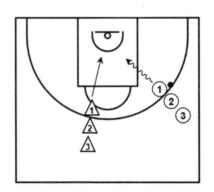

图2-8　行进间运球投篮

（4）接球行进间投篮。

教学组织同上，①传球给△后切入，△回传球给①，①接球投篮。

教学要求：传球与切入时间要把握好，传球到位。

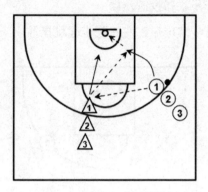

图2-9　接球行进间投篮

（5）小组计时连续行进间投篮。

教学目的：提高学生的快速投篮能力与团队精神。

教学组织：第一名同学快速跑到三分线外，绕过障碍后，全速插入篮底，接第二名同学传球上篮，自己抢篮板，传给第三名同学。第二名同学同样如此进行，一直轮换，直到时间结束。

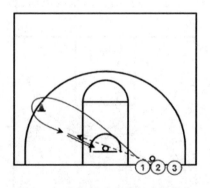

图2-10　小组计时连续行进间投篮

教学要求：转身后要加速向篮底插，接球完成投篮动作，投篮后迅速抢篮板球并传给下一个同伴。

第三节　运球技术动作分析及运用

篮球运球是持球队员用手连续按拍借助地面反弹起来的球的动作方法。篮球运球是一项重要的基本技术，通过运球可以提高个人进攻能力，转移球给同伴创造进攻机会，熟练掌握运球技术可以自信面对防守发动进攻或组织同伴进攻。

一、运球技术分析

篮球运球技术是篮球运动中基础又重要的技术之一，对于球员的进攻和组织能力至关重要，尤其是球队后卫更需要控球能力强、控球稳定性高的球员。一位好的后卫在比赛中需要根据攻防情况调节运球的速度，既可以快速突破对方防守，又能够控球抵挡对方抢断。通常可以通过运球节奏和变换、不同运球技巧和变化，帮助球员在对方防守时寻找突破的机会。当然，篮球运球技术运用不仅仅是为了自己的进攻，还需要有很好的视野和传球意识，能够观察场上队友的位置，并快速传球给同伴，帮助球队完成进攻。篮球运球技术涉及控球稳定性、运球速度和力量、运球节奏和变换、技巧和变化以及视野和传球意识。

从运球的技术角度分析，运球动作包括身体姿势、手臂动作、球的落点及手脚配合四个环节。

（一）身体姿势

两脚前后开立，两膝微屈，上体稍前倾，抬头，目视前方，非运球手臂一般平抬于胸前方，以保护篮球。

（二）手臂动作

手臂动作包括接触球的部位、运球时的动作、按拍球的部位和力量运用。

运球时，要求五指分开，一般用手指和手指的根部以及手掌外缘控球，以扩大控球面积。

（三）球的落点

运球时，运球的方向、速度和攻守具体情况不同，球的落点也不同。在无人防守或消极防守的直线运球，一般在运球人的同侧约20厘米处，移动速度越快，球的落点越靠前。遇到积极防守时，运球的落点应该控制在体侧或侧后方，合理用身体保护球。

（四）手脚配合

运球既要保持合理的运球节奏，又要保持身体移动速度与运球速度的一致，其关键在于拍球的部位、落点选择、力量大小与移动速度合理配合，运球时保持较低重心，更有利于运球方向改变及节奏变化。

二、运球技术教学

掌握好运球技术对于球员的进攻、传球、变向移动等都非常重要。运球过程中要保持低重心可以更稳定地控制球和更快地变向；通过大力运球以确保球的弹跳力和控制力。同时，运球时应该用手掌和手指控制球，而不是用手腕或手臂；掌握变向运球；快慢结合有节奏地运球可以更好地利用时间差来创造进攻机会。运球又可以分为原地运球及行进间运球。不同年段学生应循序渐进学习原则，逐步掌握不同运球方法。

（一）原地左、右手高低运球

1. 教学目的

掌握正确的运球手法，体验不同高度运球的动作异同，能够在不同情境下熟练控制球。

2. 组织方法

自主练习，做高、低手运球练习，分小组游戏听信号进行高低手运球；两人的互相模仿运球练习。

3. 教学要求

保持正确的身体姿势，手臂动作松紧适宜，手指自然张开，用手指及手掌外沿接触球。

4. 易犯错误

（1）低头看球运球；

（2）身体姿势不正确，不屈膝，而是弯腰；

（3）手指、手腕动作僵硬。

5. 纠正方法

（1）加强鼓励，引导学生不怕失误；

（2）要求运球时注意前面教师的动作（示意手指）并讲出正确数字；

（3）通过边运球边玩耍网球，提高手感；

（4）小区域两人运球对抗。

图2-11至图2-14为高、低运球示范。

图2-11　低运球侧面示范

图2-12　低运球正面示范

图2-13 高运球侧面示范

图2-14 高运球正面示范

（二）体前变向、前推后拉、左右拨球

1. 教学目的

掌握控球技巧，提高控球能力及应变能力，能够在不同防守情形中应用不同的运球方式摆脱防守或获得转移球的空间。

2. 教学组织

可以采用散点练习方式（图2-15）。

学生分布于篮球场，成两人一组，两人互相模仿运球、两人模拟攻防等。

3. 教学要求

保持正确的身体姿势，注意控球手在运球过程中触球位置要正确，动作协调，眼睛不看球。在运球熟练时，可以在运球同时配合引诱防守的假动作，如

调整运球高度突然变向运球，或前推与变向结合等通过时间差、方向改变获得
进攻机会。

图2-16至图2-19为体前变向、前推后拉、左右拨球示范。

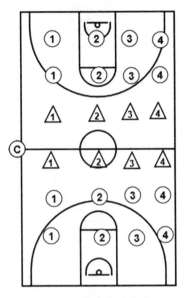

图2-15　散点练习方式

图2-16　体前变向

图2-17　前推后拉正面示范

图2-18　前推后拉侧面示范

图2-19　左推右拨

（三）原地胯下换手变向运球

1. 教学目的

掌握胯下运球的方法，提高控球技术，能够在防守下运用胯下运球突破或摆脱对手紧逼防守。

2. 教学组织

（1）原地运一次球结合侧身胯下运球。

（2）连续胯下"8"字运球。

（3）胯下运球与变向结合。

（4）两人模拟运球攻防练习。

图2-20至图2-21为连续胯下"8"字运球示范。

图2-20 连续胯下"8"字运球前准备姿势

图2-21 连续胯下"8"字运球

3. 教学要求

控制好球的落点，双手与脚步动作配合好，变向时能够用身体护球。学会两手都能够进行胯下运球，并运用左右侧移动或者与假动作结合摆脱防守，创造进攻机会。

第四节　传球技术动作分析及运用

传球是篮球比赛中进攻队员之间有目的地转移球的方法，是进攻队员在场上相互联系和组织的纽带，是实现战术配合的具体手段。它可以促进球队的进攻效率，建立球队的合作与团队，充分利用空间、撕破防守、加速比赛节奏。

一、传球技术教学

篮球是一项团队运动，传球是团队配合的重要环节。因此，在传球的教学中，要培养学生的团队合作意识和配合能力，强调传球的目的是将球传到最佳的得分位置。传球时要有良好的视野和观察能力，能够准确判断队友的位置和动态，选择合适的传球时机和传球方式。这要求传球者具备良好的观察和分析能力，能提前预判同伴的跑位和动作，并找到最佳的传球角度和力度。篮球传球技巧有很多种，包括双手胸前传球、背后传球、击地传球等。在教学过程中，要重点讲解每种传球技巧的基本要领和动作要求，帮助学生掌握正确的传球技巧并提高传球的准确性和效率。

（一）持球方法

持球方法包括单手持球与双手持球。

（1）单手持球方法：手指自然分开，用手掌外沿和指根以上部位托球，手心空出。

（2）双手持球方法：手指自然分开，两拇指相对呈"八"字形，用手指指根以上部位握球的两侧后下方，手心空出，两臂曲肘，将球置于胸腹之间。

（二）传球

传球动作由下肢蹬地发力开始，配合全身协调用力，最后通过伸臂、屈腕和手指拨球的力量将球传出。

（三）接球

接球包括单手接球和双手接球。基本过程包括主动迎球、触球、引球、持球。

1. 主动迎球

手臂主动向着来球的方向伸出去，做好接球准备，有助于触球及缓冲。

2. 手指触球

手指触球部位多在指尖内侧和指腹的部位，当手触球后，应顺势曲肘，手臂向后引球，以缓冲来球力量，手指触球后引是接好球的关键。

3. 引球

触球后向后引球并完成正确的持球动作，用身体护球，并迅速与下一项进攻技术（投篮、传球、运球突破）连接，形成连续性攻击防守。

二、传接球的教学

（一）传球技术

1. 双手胸前传接球

（1）用途：双手胸前传球是一种最基本、最常用的传球方法，可以在不同的方向、距离转移球中运用，还便于运球突破、投篮等技术结合运用。

（2）动作要领：传球时，双脚蹬地，手向传球方向伸臂，同时拇指下压、手腕翻转，最后通过拇指、食指、中指用力拨球将球传出。简化口诀：伸—翻—拨。

图2-22和图2-23为双手胸前传接球示范。

图2-22 双手胸前传接球正面示范

图2-23 双手胸前传接球侧面示范

2. 双手头上传球

（1）用途：双手头上传球有着传球距离远、出手点高能越过防守人的优点，常用于大范围转移球以及防守距离较近的情况，也可以用于内线队员的策应传球给外线或切入同伴。

（2）动作要领：双手持球的两侧，置于头顶，肘部微屈，向传球方向跨一步，同时伸臂、拇指下压、手腕翻转，最后通过拇指、食指、中指用力拨球，将球传出。

图2-24为双手头上传球示范。

图2-24　双手头上传球示范

（二）传球常用教学方法

1. 持球练习三威胁

（1）教学目的：掌握正确的持球方法，养成良好的持球站立姿势习惯。

（2）教学组织：两人一组，互相检查。

（3）教学要求：保持正确的持球方法，重心下降，随时保持运、传、投动作姿态，眼睛平视。

2. 原地两人传接球练习

（1）教学目的：强化传接球技术，提高传球的准确性。

（2）教学组织：两人一组，相隔四至五米，面向对方进行传接球练习。

（3）教学要求：传球准确、有力度；能够根据同伴的位置调整传球的距离。

3. 两人前后移动传球

（1）教学目的：发展移动中传接球的技术，培养移动中传接球的感觉。

（2）教学组织：两人一组，一个前移、一个后撤，保持3米左右的距离，进行面对面双手胸前传接球练习。

（3）教学要求：能够保持一致速度，传接球要准、稳。

4. 两人侧身跑传接球

（1）教学目的：发展快速移动中传接球的能力。

（2）教学组织：两人一组，侧身向前快速跑过程中完成传接球。

（3）教学要求：根据队友的速度判断传球的方向与力度，传球要有一定的预前量，做到球到人到。

5. 多人移动传接球

（1）教学目的：能够根据场上同伴的位置选择传球方向与路线，提高不同情况下传接球的应变能力。

（2）教学组织：四至五人一组，保持一定的移动速度进行纵向、横向的传接球。

（3）教学要求：接球前观察同伴的位置，接球后能够迅速做出决策，传球的速度要快、落点要准。

三、其他方式的传接球

除了双手胸前传球外，在比赛中常用的传球手法包括单手传接球、单手肩上传球、传弹地球、长传球、背后传球、反手传球等。各传球方式的手法、用途不同，但组织教学方法类同，不一一列举。

第五节　篮球技术组合与运用

篮球比赛的观察统计表明：一对一攻守、局部的攻守配合，还有全队的战术配合，进攻时基本是以组合技术的形式呈现。组合技术是篮球比赛中运动员的运用技术的基本形式。因此，在掌握一定的技术基础上，学会根据不同情形进行技术组合，可以促进学生在篮球比赛中的技术运用应变能力，利于学生篮球技能的进一步提高。

篮球组合技术根据技术类型不同，可分为：同类型的组合及不同类型的组合。同类型包括无球移动的起动和急停、急起；跨步与撤步；各种滑步变化。

不同类型技术组合则包括摆脱、运球、传接球、投篮、假动作后运球突破或传接球、投篮等不同技术动作的结合。

一、无球移动技术组合

无球移动是篮球比赛中为了改变场上位置、方向、速度和争取获得更高的高度而采取的各种脚步动作的统称。学习篮球移动组合，可以更好地融入攻防体系中。在进攻中通过移动组合，可以摆脱防守去选择有利于完成进攻位置、切入、接球或投篮机会；在防守中可以通过快速的移动去保持有利的防守位置，防摆脱及断球或抢球等实行有效防守。

（一）急停、急起变向跑

1. 教学目的

使学生掌握急停后突然急起变向跑，利用节奏及方向变化摆脱防守队员的能力。

2. 教学组织

在端线站成一排（5人），听教师的信号迅速启动，教师发出信号则急停，再给信号变向加速跑，反复交替。

3. 教学要求

听到信号后，启动时要注意结合变向，后腿用力蹬地，摆臂要有力，急停时降低身体重心，前脚脚内侧做制动动作。

4. 易犯错误

急停时重心过高，控制不了动作，不能及时把身体停住并保持好重心平稳。

5. 纠正方法

掌握好跨步制动或两步制动方法，移动过程中尽量降低重心，保持重心平稳。

（二）摆脱、切入

摆脱是进攻队员通过假动作甩开防守队员的移动方法，目的是占据有利的进攻位置。切入是进攻队员快速向篮下方向移动，目的是在有利的区域接球获得进攻机会或创造进攻机会。摆脱与切入经常组合在一起，更有利于创造进攻空间与机会。

1. 教学目的

学会根据场上攻防具体情况运用假动作，通过时间差、变向等快速切入，寻找有利的进攻位置。

2. 教学组织

可以根据学生的能力水平或者在比赛中熟悉的位置进行针对性练习，首先熟悉单个技术动作，然后进行技术组合练习。

（1）复习各种转身动作。

（2）虚晃动作与跨步练习。

（3）一对一模拟攻防对抗。

3. 教学要求

（1）熟练掌握各类转身动作，重心控制稳定。

（2）虚晃或转身后衔接动作要快。

（3）切入时要贴紧防守队员，重心要稍降低，启动速度要快。

4. 易犯错误

（1）动作衔接时，重心起伏过大。

（2）切入时避开防守队员。

5. 纠正方法

做虚晃动作时，要保持自己重心，观察到防守队员重心有移动时，迅速贴着防守队员等跨步切入，尽量用肩背对抗防守队员，外侧手伸手示意要球。

（三）急停、各种转身与急跳

当今的篮球比赛中体现出快节奏、贴身紧逼、高对抗等特点。因此，留给进攻队员的进攻时间及空间均很小，在这种情况下，通过动作的节奏变化创造进攻机会成了球员最常用的手段；而急停连接各种转身动作或跳投等连贯动作是较常用的得分手段。因此，提高急停与起跳等动作的连接协调性及节奏感是提高学生篮球技术运用的基础。

1. 教学目的

通过练习急停转身、急跳发展学生的身体协调性，掌握动作节奏。

2. 教学组织

复习急停动作（跨步急停、跳步急停），让学生学会区分中枢脚；利用非中枢脚做前后或侧转身动作，最后进行衔接练习急停、转身、急跳的连贯动作。

两人一组，间距4到5米，其中A一步急停做转身动作，B在A身侧抛高球，A根据B的抛球位置做起跳动作在最高点接球，两人轮流抛接。

3. 教学要求

（1）能够区分中枢脚，防止持球走步违例。

（2）转身时要低重心，转身过程重心平稳。

（3）起跳迅速，能够在最高点抢到球。

4. 易犯错误

（1）转身时重心起伏过大。

（2）协调性较差造成动作不协调，缺乏连续性。

5. 纠正方法

学会转身时结合脚步等动作，腰腹用力，保持重心平稳（脚步贴着地面移动）转身。

（四）上跨步、后撤步与滑步结合

防守队员在判断进攻队员的进攻路线后，怎样在最快的时间卡住进攻队员的路线是防守的关键。在进行防守练习时，能够根据实际情况，运用滑步结合跨步、撤步动作紧贴进攻队员，提高学生的防守能力。

1. 滑步

滑步是防守时移动的主要动作方法，包括侧滑步、前滑步和后滑步三种，可以通过滑步快速阻截进攻队员的移动。侧滑步时（向右侧滑步）右脚向右横跨出一步，脚跟先着地过渡到前脚掌，落地时，左脚掌内侧快速用力蹬地，并贴着地面滑动，跟随右脚移动。移动时身体重心要保持平稳，重心始终在两脚之间。左滑步时动作相反；后滑步动作方法与侧滑步相同，方向向后。两脚配合协调，动作迅速，保持重心平稳。图2-25为滑步示范。

图2-25　滑步示范

（1）教学目的。

掌握滑步技术动作，学会根据比赛场上的具体攻防要求选择滑步防守。

（2）教学组织。

①沿三分线做滑步练习，如图2-26所示。

分组练习，从沿一边三分线开始进行滑步动作，到另一边端线结束，依次轮流。要求两脚配合协调，动作迅速，保持重心平稳。随着学生逐步掌握动作，要求加强节奏变化，如快慢结合等。

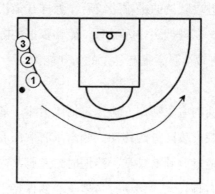

图2-26 沿三分线做滑步练习

②之字形后滑步，如图2-27所示。

从一边端线开始进行之字形后滑步，直到另一端线；学生依次进行。注意蹬地脚与跨出脚移动不同时，动作不协调，其次重心起伏大等常见问题。

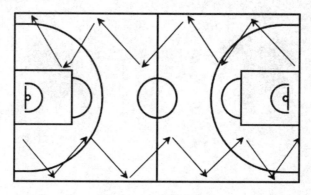

图2-27 之字形后滑步

（3）教学要求。

①滑步时要保持低重心，滑步平稳。

②滑步时配合手臂动作，进攻运球方向脚先移动，避免出现停滞滑步。

（4）易犯错误。

①重心高，身体上下起伏和上体过于前倾，动作不连贯不协调。

②滑步时出现并步或者交叉步现象。

（5）纠正方法。

通过慢速滑步移动，建立正确的动作概念，过渡到快慢结合滑步，也可以两人相对练习，互相提醒对方。开始练习时，要尽量压低重心，在比赛与进攻队员对位时，以防守视线与对方胸部齐平为标志。

（五）后撤步连接滑步

后撤步是防守队员为了保持有利的防守位置，特别是进攻队员从自己身侧持球突破或摆脱时，常用后撤步移动并与滑步结合运用，迅速跟上进攻队员并保持防守的压力。防守队员使用后撤步时，用前脚掌内侧蹬地，加上腰部用力后转动（转髋），同时后脚蹬地，前脚后撤，再连接滑步。下肢用力蹬地，转髋，用力蹬地，向后撤步一般不大于45度，而且连接快速滑步。图2-28为后撤步连接滑步示范。

图2-28　后撤步连接滑步示范

1. 教学目的

在防守持球队员进攻突破时，能够学会运用撤步与滑步结合，抢占有利防守位置。在撤步脚着地瞬间，要快速跟随，向移动方向滑动，并保持防守的基本姿势，以保证后续防守移动的机动性和灵活性。

2. 教学组织

（1）沿标志桶徒步练习后撤步与滑步结合。

（2）两人一组全场运球模拟攻防。

3. 教学要求

（1）动作协调，向左滑步时，右脚前脚掌内侧蹬地，左脚向左跨出一步，落地的同时右脚迅速随同滑行，注意保持重心平稳，两脚不交叉，滑步与后撤步的变换蹬转动作要快，动作衔接迅速。

（2）对于动作掌握熟练的学生，也可以进行一对一攻防练习，但要求防守者尽量通过用滑步移动控制进攻队员的路线。

4. 易犯错误

（1）后撤步与突破路线成45度角的方向，角度过大，容易造成阻挡犯规；角度过小，控制不住对手。

（2）后撤步与滑步衔接不连贯，未能紧贴突破进攻队员。

5. 纠正方法

提高灵敏性及髋关节力量练习，提高核心力量，促进转体速度与稳定性。

（六）上跨步、后撤步与滑步结合练习

1. 教学目的

了解不同步法运用，使学生掌握上跨步、后撤步、滑步的衔接动作，提高防守能力。

2. 教学组织

（1）两人一组，持球者做突破、急停跳投动作，防守者根据进攻者的动作做出上跨步、后撤步、滑步的衔接动作。

（2）五人一组，三人站在外围相隔5米，呈正三角形站位，两人在里面防守，根据传球路线移动，尝试抢断球。

3. 教学要求

（1）传球者必须保证中枢脚不离地。

（2）一人防守持球者，另一人始终位于另外两人中间偏向持球者，移动要求运用上跨步、后撤步、滑步进行衔接，如图2-29所示。

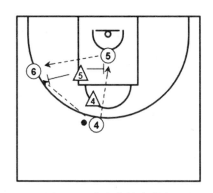

图2-29　抢断传接球游戏

4. 易犯错误

（1）反应慢，看着球传到空位时才进行移动。

（2）使用脚步不当，后撤步与前转身等混淆，造成防守移动时背对篮球。

（3）两人配合移动不当，未能及时给予持球者压力或做好在后面抢断球准备。

5. 纠正方法

建立"人随球走"的概念，一旦球离开防守队员，迅速按照防守原则调整防守位置，加强与同伴交流沟通，相互了解防守的意图，达到防守一致性。

二、运球的组合技术

运球组合技术广泛运用在比赛中，通过技术组合影响防守者判断，可以通过时间差、方向变化创造进攻或创设有利进攻空间。在对抗激烈的篮球比赛中，通常持球进攻有绝对的大空位是不可想象的，进攻队员尤其是持球者，常常会遇到对手的严防，故一般进攻采用多种技术的组合，创设有利于自己或队友进攻的机会，是比赛常用的进攻方式。

（一）行进间运球急停、急起

行进间运球急停、急起是最常用的运球突破方式，运球者通过运球急停控制运球节奏，用时间差创造突破机会，使防守队员猝不及防，常在全场快攻中运球推进遇到防守时使用。

1. 教学目的

在运球行进间，当对手从正面堵截防守进攻队员的进攻路线，可以结合急停、急起的节奏变化，利用速度变化摆脱防守者。

2. 教学组织

（1）徒手体验跨步急停与两步急停方法。

（2）利用标志桶进行直线运球急停、加速运球。

（3）两人模拟攻防练习。

3. 教学要求

（1）行进间运球急停要快、稳。

（2）运球急停时要控球于体侧，保护球。

（3）急停后加速要快，充分利用防守队员失去重心或防守不稳状态下，紧贴对手加速突破。

4. 易犯错误

（1）急停时重心控制不稳，不能够做到及时停住，给防守队员调整空间。

（2）急停时未能控制住球，留给对手断球机会。

5. 纠正方法

加强停球脚步练习，尤其是制动动作与急速大力运球结合，为快速启动运球衔接做好充分准备。

（二）行进间运球急停、变向

变向运球是控球队员摆脱与制约防守队员的锐利武器。在比赛中常用的变向运球包括体前、背后、后转身、胯下等变向运球。其共同特点是利用假动作虚晃迷惑防守队员突然改变进攻路线，突破防守或拉出进攻空当进行，创造进攻机会；在快速进攻中能够结合急停、急起的节奏变化进行各种变向运球，效果更为明显。

1. 教学目的

在运球行进间，当对手从正面堵截防守进攻队员的进攻路线，可以结合急停、急起的节奏变化进行变向运球，摆脱防守者。

2. 教学组织

（1）一对一胯下变向攻防。

以右手运球为例，面对防守队员左脚在前，左手拍球经胯下地面弹向身体右侧，同时右肩向左前方倾出，做超越对手状。此时若对手相应侧滑步堵位，左手即再拍球经胯下地面弹回身体右侧，同时左肩迅速向右前方倾出，迈右脚换左手运球快速超越对手。

（2）体前加胯下变向。

右手运球至防守者前约一步，突做体前变向把球引拍向身体左侧地面，同时右脚前跨逼近对手急停。此时对手必定随球右滑步堵位，趁其来不及再及时改变方向之际，左手拍球经胯下地面再弹回身体右侧，右脚前跨以右手运球快速从对手左侧突破。

（3）胯下加背后变向。

胯下变向方法同例一所述。左手运球顺势将球引至身后，再换右手运球快速从对手左侧突破。本方法可以在胯下变向运球后左手运球一次。

3. 教学组织

（1）分组半场进行各种变向练习。

（2）全场多个障碍连续地变向运球。

（3）一对一攻防练习。

图2-30为急停、急起变向运球的教学组织。

4. 教学要求

（1）能够熟练地在快速移动中完成变向动作并控制好球。

（2）在进行变向运球时能够结合假

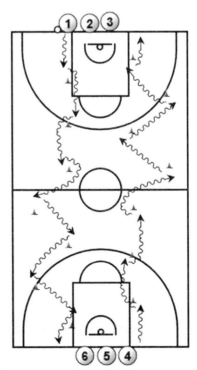

图2-30 急停、急起变向运球的教学组织

动作吸引对方，变向要突然及快速。

（3）在进行练习时要掌握好与防守者之间的距离、各种变向动作按拍球的正确部位，以提高动作的实效性。

（4）变向后能够快速启动运球，摆脱防守者。

三、持球突破

随着现代篮球技术的不断发展，持球突破技术在现代篮球比赛中的运用越来越多，各个位置的队员都能熟练地运用持球突破技术。持球突破技术的新发展特点主要表现为突然性强、速度快，与其他技术的结合非常紧密。首先，持球突破后结合各种变向运球和投篮更加具有攻击性；其次，持球突破后利用对方的补防快速传球是破解联防的有效方法。假动作（假投、假传）结合持球突破更加灵活，使突破防不胜防。

持球突破分为持球异侧（交叉步）突破、同侧步（顺步）突破及后转身突破等。

（一）技术运用

结合自身特点，掌握不同类型持球突破动作，能够根据防守的站位结合其他技术动作（假动作）进行运用，提高个人的进攻技术。

（二）技术分析

以右脚为中枢脚为例。准备姿势为两脚左右开立，两膝弯曲，持球于胸前并做瞄篮的"三威胁"姿势。突破时，右脚前脚掌内侧有力蹬地，同时上体向左侧转，左肩下压，使身体重心向右前方移动。异侧突破时左脚在右侧前方跨出，将球引向右侧并运球，使球落于左脚侧前方；同侧突破则相反，左脚向左侧跨步并运球。

（三）动作要领

（1）蹬跨动作启动快、协调。

（2）根据防守位置选择好突破的时机。

（3）突破时，要紧贴防守队员，侧身护球，低重心。

（四）教学组织

1. 交叉步（异侧步）模仿练习

持球突破的脚步动作练习，每人一球，面对球篮，保持"三威胁"姿势。做模仿交叉步突破的脚步动作。持球瞄篮，非中枢脚突然、快速向左或向右侧斜前方做跨步突破动作，再收腿还原，然后持球瞄篮重复做以上动作。

教学要求：并步接球时两脚能做中枢脚，可以向不同方向做突破动作；突破脚步动作衔接连贯，能控制身体重心。蹬跨快速、突然。图2-31为交叉步突破示范。

图2-31　交叉步突破示范

2. 接球跳步急停持球突破上篮

每人一球，先把球传给模拟防守者，再接回传球跳步急停，利用投篮或

虚晃等假动作吸引防守者后，持球从防守者两侧突破（可以尝试不同的突破方法）投篮。

教学要求：持球进攻者假动作后，突破时蹬地有力，第一步迈至防守人脚的侧后方，侧身紧贴防守人运球突破。防守者采用消极防守。

3. 持球突破急停跳投

（1）教学组织：每个半场分成两组（图2-32）。

①传球给②，②持球向左做假动作后向右突破并急停跳投，①在中路跟进抢篮板。

（2）教学要求：脚步清晰，突破动作合理，摆脱防守后急停、跳投动作连贯。

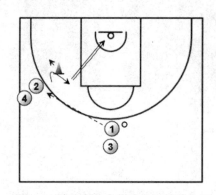

图2-32　持球突破急停跳投的教学组织

（五）持球突破技术易犯错误及纠正方法

持球突破技术相对比较复杂，涉及中枢脚的判别、突破时放球要先于中枢脚移动、用身体对抗防守者、低重心快速突破等。由于初学者对于中枢脚的判别不太清楚、突破容易移动中枢脚等情况，因此在学习中易犯以下错误。

1. 突破时双脚移动和中枢脚离地过早

纠正方法如下：

（1）讲解规则要求，明确中枢脚概念，剖析造成原因，进行正确示范。

（2）做针对性练习。如两脚开立，足踝稍提起，使身体重心向左、右脚转移练习；基本姿势站立，做向左、右侧前跨步，再还原成基本姿势的反复练习。

（3）中枢脚离地前放球。可以先建立动作概念，在慢速中做持球突破练习，逐步提高突破的速度。

2. 跨步时身体挺直或远离防守者，蹬跨无力

纠正方法如下：

（1）针对错误动作，讲解跨步时转体探肩的目的和作用，明确跨步的方向和身体姿势，学会用身体对抗防守者。

（2）多做模仿练习，强化动作定型。可以摆放标志桶，做跨步练习，放球后迅速还原动作，提高动作的熟练程度及强化下肢力量练习。

3. 放球落点不对，易被防守队员打掉

纠正方法如下：

（1）讲解突破时持球移动的路线，放球时间，球的落点、反弹高度等方面的要求。应强调指出适宜落点应该是便于保护、控制球和加速超越对手，并进行正确示范。

（2）相互模拟攻防，学会用身体护球。

（六）技能运用提高

（1）半场二对二攻守练习。

（2）全场三对三比赛。

教学要求：尽可能运用突破得分，凡突破成功得分算2分，其他方式进攻成功算1分，先获得3分的队伍获胜。

四、投篮组合技术

（一）跳投

篮球的跳投作为一种常用的投篮方式，可以帮助持球者提高投篮高度、减少被防守队员干扰、扩大投篮角度、提高投篮准确性。跳投一般分为原地跳投和急停跳投，无论采取何种方式，都应符合下述技术规格（以右手为例）：两手持球于胸前，两脚左右或前后开立，两脚的脚趾应朝向篮圈。若是前后站位，前面脚的大拇指应直接指向篮圈中央。两膝微屈，重心落在两脚之间。起跳时，迅速伸膝，脚掌用力蹬地向上跳起，微收腹，双手举球至肩上，右手持球，肘关节指向球篮，手、肘、肩大致形成三个直角，左手扶球的左侧方，当身体接近最高点时，左手离球，右臂向前上约45度。方向伸直即顶肘、翻腕、食中指拨球，通过指端将球投出。身体落地时，屈膝缓冲，准备做下一个动作。如图2-33所示。

图2-33　跳投

1. 练习方法

（1）徒手模仿跳投练习。

（2）原地模仿跳投练习。

（3）原地定位跳投练习。

（4）行进间运球急停跳投练习。

（5）突破急停跳投。

（6）传球溜底线接球跳投。

2. 运用提高

创设比赛投篮情境，熟悉重点区域运球或接球急停跳投技能的运用，提高传投结合能力。

（1）教学目的：解决运球或接球急停与跳投的衔接。

（2）教学组织（图2-34）：半场分两组分别在篮板两侧，第一名学生快速跑到中场后转身冲刺跑在30度角三分线内（或罚球线边）接第二名同学传球急停跳投，自抢篮板，再把球传给第三名同学跑到队伍后面，第二名同学传球后跟着做第一名同学的动作，依此类推。

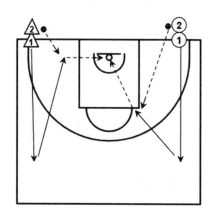

图2-34 接球急停跳投

（3）教学要求：

① 快速跑至中线后，转身加速跑至相应的接应点；

② 能够在快速中完成接球及跳投动作，身体要控制平衡，出手动作协调；

③ 能够在多个点上（两侧、罚球线两端）完成投篮动作，并有较高命中率。

（二）结合各种转身投篮

对于内线队员来说，由于里面的空间很小，很少有从容投篮的机会。因此，大多数内线持球进攻时结合各种转身动作与防守队员对抗，获得空间进行投篮。

1. 教学目的

内线进攻队员通过各种转身动作创造进攻机会并能够解决转身与跳投的衔接，提高篮下投篮威胁力。

2. 练习方法

（1）练习在篮圈左右两侧的投篮（勾手、高手、低手）。

（2）后转身运球一步上篮。

教学组织：在罚球线两侧分别各站一人，其余分两组分别在端线篮板两侧，端线学生①传球给△，△双手持球放在身前，传球者①快速跑到△前跳步急停双脚，双手拿球，外侧脚蹬转，后转身运一次球行进间投篮，自抢篮板再排到另一组后面；另一组也是一样，如此循环。如图2-35所示。

教学要求：跳步急停后双手拿球要用力，转身时低重心；转身后，侧身探肩放球起步要快，能够衔接行进间投篮动作；两组在进行时，时间上要错开，避免投篮时互相碰撞。

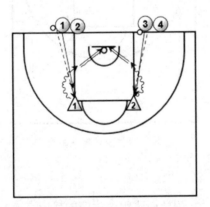

图2-35　后转身运球一步上篮

（3）切入内线接球转身投篮（图2-36）。

教学组织：分两组，中路①传球给侧翼③，①直切篮下，转身面对③，重心稍下降，双手头上举起打开要球，接③传球后，转身跳投。

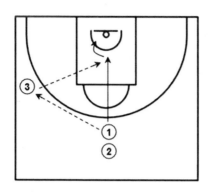

图2-36　切入内线接球转身投篮

3. 综合投篮

（1）技能运用：结合实战创设情境进行移动接应及进攻练习，提高学生的战术素养。

（2）教学组织：①传球给⑤，直插篮下；③传球给⑥，切到弧顶接⑤传球后传球给①，①接球转身投篮；③移动到另一侧罚球线接⑥传球，马上跳投。如图2-37所示。

（3）教学要求：移动速度快，到位后主动举手要球；传球要准时到位；除了肢体语言外，还要通过语言交流示意同伴传或接球。

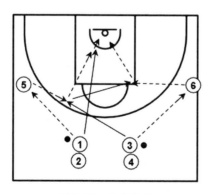

图2-37　综合投篮

第三章

基本的战术配合

　　现代篮球比赛呈现出快节奏、多变化、攻防范围更大、强对抗等特点。进攻战术的主要特点是：攻防转换快，由防守转入进攻时，力争一切机会形成快攻；加强了衔接段的进攻，快攻和阵地进攻有机结合；阵地进攻灵活多变，队员跑动灵活，不断地穿插、掩护、策应，内外结合，扩大了攻击面，攻击点也不断变化；配合快速，经常两三人在几秒钟内完成一次进攻配合；充分发挥个人攻击能力，配合机动性强，应变快，运动员的进攻战术意识也大大提高；普遍提高了第二次进攻的能力，任何一次投篮，均组织两到三名队员补篮或抢篮板球。

第一节　了解篮球的基本配合

战术基础配合是指两三人之间所组成的局部的简单配合方法，它是组成全队攻防战术的基础。篮球比赛的战术打法多、变化多，但各种战术都离不开攻防基础配合。只有熟练地了解规则，掌握与运用基础配合，才能在进行全队战术运用时更加灵活机动，有效促进全队整体战术配合。

战术基础配合包括进攻与防守两个部分，进攻防守各有不同的配合方法。

一、进攻战术

篮球进攻战术是指在篮球比赛中，进攻队员个人技术的合理运用和全体队员相互间协调配合的组织形式和方法。进攻战术的目的是使全体队员的行动一致，在整体统一的指导思想下，充分发挥每个进攻队员的进攻能力，攻击对方防守的薄弱环节，从而获得良好的攻击机会，争取比赛的胜利。

二、进攻战术基础配合

进攻中几个人之间的基础配合，是组织全队进攻战术的基础，常用的进攻基础配合有突分、传切、掩护、策应四种。可以在两后卫之间、两前锋之间进行，也可以在前锋与后卫、前锋或后卫与中锋之间进行配合。只有熟练地掌握各种基础配合，根据队伍的个人技术特点进行战术设计，把个人进攻特点融入整体战术配合，全队进攻才能灵活多变，具有更大的攻击力。

三、防守战术

篮球防守战术是指在篮球比赛中防守队员为了争夺对篮球的控制权，合理运用脚步移动、手臂动作和抢占有利场上位置。限制进攻队员进攻技术的运用，阻扰进攻队员的进攻战术配合，破坏进攻队员进攻节奏，是争取比赛主动权的一项基本战术。防守技术是篮球团队的核心技术，球队实力的提升离不开队员防守技术的提升。现代篮球运动发展过程中，更具针对性、逼抢性与破坏性，团队防守战术使得篮球防守更影响比赛最终结果。

四、防守战术基础配合

现代篮球攻防转换快，战术多变，防守理念要求队员之间密切配合，将个人技术与团队战术整合起来，在防守端合力阻止对手进攻并实现攻守转换，争取比赛的最终胜利。常用的防守战术包括人盯人、区域联防、延伸全场紧逼及夹击等多种防守形式，甚至不同进攻阶段可以采用不同的防守策略，如高位逼抢、中场夹击、后场联防等综合防守战术。

人盯人是以防人为主要目标、防球为辅助手段的防守战术。所有防守队员都要紧盯自己负责的对方进攻队员，同时与队友展开密切合作，这也是现代篮球防守中最常使用的防守战术。人盯人战术能够给予对方进攻队员足够的防守压力，保持防守强度与防守效果。

区域联防是指防守球员在自己防守区域范围负责一定区域的防守，同伴之间相互协作共同完成防守。区域联防在篮球比赛中重点关注防守区域控制与篮板保护，防守队员各自负责不同的防守区域，相互之间配合以加强区域防守。区域联防在实际运用过程中能够很好地突出区域保护，球员的防守跑动距离大大减少，有助于节省体力并快速完成防守反击。区域联防根据防守队员的站位可分为2-3、3-2、1-2-2、1-3-1等多种防守形式。不同形式的联防都有自己的防守优点与弱点，必须根据对手的具体情况选择防守阵型。

第二节　传切配合

传切配合是队员之间运用传球与空切跑动相结合的一种进攻战术配合方法。从传接球对象区分，第一种是队员传球后，立即切入接回传球进攻；第二种是队员传球后，其他队员空切接球进攻。切入方式有正切及背切，主要以切入队员与防守者之间位置进行区分。

一、传切配合教学设计与教学实施

传切配合是篮球比赛中常用的基本配合，技术简单，动作明快，具有较强实效性。它充分强调一传一切的配合时机，如切入前迷惑对手的假动作、摆脱时机掌握、紧贴对手高速切入，传球同伴要结合投篮、突破、传球等吸引防守队员，创造快速传球给切入队员的机会。因此，在教学设计上应在提高传球能力的基础上，模拟实际比赛，创设不同情境进行教学。

（一）教学情境设计

根据传切配合的要点及学生篮球基本战术的掌握情况，以半场两三人的一传一切及空切配合为主进行教学情境设计。

（1）两人传切配合。

（2）三人传切配合。

（3）横切与纵切结合。

（二）教师讲解

教师对配合的概念、作用、方法、要求进行讲解。

（1）切入队员利用假动作快速变向摆脱防守、切入与跑动路线选择。

（2）接应队员接球后运用假动作吸引防守者及传球时机、方法选择。

传切配合如图3-1所示。

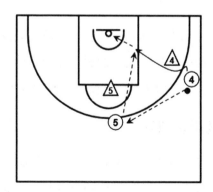

图3-1　传切配合

（三）学生探究

根据比赛中的不同情境，探究学习一传一切配合的切入时机、防守下传球手法的运用。

（四）教学组织

（1）徒手结合传切路线进行跑位练习。

（2）两三人的传切配合练习。

（3）多球传切配合练习。

（4）攻守转换的传切配合练习。

（5）加固定防守的传切配合练习。

传切配合的练习如图3-2所示。进攻队员⑤传球给侧翼同伴③，另一侧同伴④摆脱切入篮底，接应③的传球投篮。

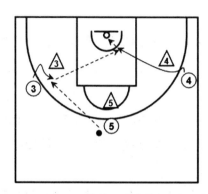

图3-2　传切配合的练习

二、教学要求

进行传切的队员要做到人到球到，才能更好地创造进攻机会。因此，空切队员要根据球的方向掌握好时机，突然摆脱，并卡位挡人准备接球。传球队员要吸引自己的防守者，根据空切队员的速度和方向做到传球及时到位。

三、易犯错误及纠正方法

（1）传切队员距离近，进攻配合的范围小，配合难以成功。

纠正方法：反复讲解、示范传切配合的位置要求，规定进攻位置，明确进攻队形和配合方法。

（2）假动作的运用不逼真，真假变化慢。

纠正方法：在练习中对合理运用假动作提出要求和给予方法上的指导，可采用模仿性练习，并抓住重点、难点反复练习，帮助提高运用假动作的能力。

（3）切入跑动时不选捷径，跑动中不侧身、不看球。

纠正方法：可采用画出切入跑动路线的方法，并给以"看球"声音信号的刺激和条件限制，逐渐改进动作，提高切入技术。

（4）配合队员传球准确性、隐蔽性差。

纠正方法：加强练习各种传球技术，增加传球的多变性，并在配合中对传球提出明确的要求和给予方法上的指导、示范，如指出传球时机、位置、方式。

四、教学建议

（1）在教传切配合时，首先要使学生了解配合的概念、运用时机、配合方法和要求。重点分析配合时机的捕捉和利用、配合条件的选择以及队员之间配合动作的协同和应变等。

（2）教学中应注意强调培养和提高协作精神和配合能力。

（3）狠抓基本技术，如移动摆脱、假动作、传接球、投篮等，注意增加练习的数量，提高练习质量。

（4）教学中应强调假动作与变化、配合时机、配合意识、配合能力和应变能力的练习与提高。

（5）增加对抗条件下的练习，通过创设情境进行针对性练习或教学比赛来巩固，提高配合的质量。

（6）注意根据教学对象的具体技能条件和特点进行教学。

（7）练习方法要从教学对象的实际情况和实战需要出发，任何一种练习方法都要考虑时机、方向、地点、条件、动作和变化以及突然性、合理性等诸多因素。

第三节　突分配合

突分配合是持球队员在突破过程中将球传给同伴投篮的一种战术配合方法。突分配合常用的方法有两种：一是运用突破压缩对方守区，传球给外围队员投篮；二是突破后传球给空插队员或中锋投篮。

一、突破分球教学情境设计

突分配合是常用的基本进攻配合，包含了突破者速度、爆发力、观察力、传球技巧等多方面的要素，也需要同伴根据防守的移动情况跑空位接应。此外，同伴之间需要语言或肢体语言交流，逐步形成默契。基于突破分球配合的要点，设计突破与内线配合及突破后传外线空位同伴等配合教学情境，以提高持球者突破对于场上攻防变化的观察与决策能力。

（一）突分配合讲解

突分配合的概念、作用、方法、要求，突破的路线及传球方法，接应队员的跑动配合等。

（二）教学情境设计

1. 突破后与内线队员的配合

如图3-3所示，进攻队员④持球突破△号防守队员往底线方向进攻篮下，△号防守队员移动过来协防，⑤号进攻队员插上中路接应投篮。

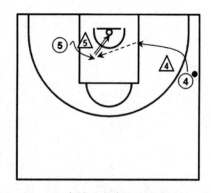

图3-3　突破后与内线队员的配合

2. 突破后与外线队员的配合

①号进攻队员持球突破△号防守队员往底线进攻篮下，△号防守队员过来协防，③号进攻队员插中接应，△号防守队员协防，②号进攻队员下顺接①号进攻队员传球投篮。如图3-4所示。

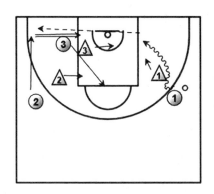

图3-4　突破后与外线队员的配合

3. 连续突分练习

如图3-5所示，①号进攻队员持球从右侧突破△号防守队员，吸引△号防守队员协防，迅速传球给②号进攻队员，然后从底线跑到⑤号队员后面等待下一练习，②号进攻队员接球后从底线突破△号防守队员吸引△号协防后，传球给③号进攻队员，然后从底线跑到⑥号进攻队员后面等待下一练习。③号进攻队员从右侧突破△号防守队员后，吸引△号防守队员的协防，传球给④号进攻队员，跑到④号进攻队员后面等待下一练习。通过连续突破分球练习，掌握在不同位置的突破与跑位接应，同时增强防守的协防意识。

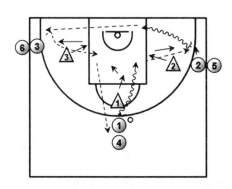

图3-5　连续突分练习

二、突分配合要求

突破队员要有直接得分能力,外线投篮准确,迫使防守方频繁补漏。同时无球队员要根据防守队员的移动情况及时空插接应,以便成功接应回传球投篮。

三、易犯错误及纠正方法

(1)突破后没能及时传球,给防守队员夹击造成进攻失误。

纠正方法:在突破前判断防守队员的站位及自己队友的跑动路线,突破后,发现有空位马上传球给位置更好的同伴,切忌贪功。

(2)突破后传球给防守者抢断或破坏。

纠正方法:突破时不能低头,要用眼睛的余光观察防守者的身体移动情况,判断其行动;其次,传球手法隐蔽,传球速度要快。

(3)传球不到位,接应同伴接球后需要做大量调整或补救,延误进攻。

传球要有引导性,突破时要观察双方移动,并通过预判队友的移动速度来计算传球的提前量,根据传球距离判断传球力度与速度,确保人到球到。

四、教学建议

(1)提高个人突破及外围投篮能力的培养,对防守队员造成更大的困扰。

(2)培养学生熟悉突破分球的跑位与配合,密切队友之间的默契。

(3)教学训练中应强调假动作与变化、配合时机、配合意识、配合能力和应变能力的训练与提高。

(4)提高对场上情况的判断、防守方的移动意图、同伴的空切传球时机等。

(5)模仿不同的真实情境,学习不同方式的传球,提高复杂情况下转移球的能力。

第四节　掩护配合

掩护配合是进攻队员利用身体合理地挡住防守同伴队员的移动路线，或是主动利用同伴挡住防守自己队员的移动路线，从而摆脱防守，获得进攻机会的一种战术配合方法。掩护的种类很多，按掩护位置分有侧掩护、后掩护、前掩护。这几种方法可以用于给持球队员掩护、给无球队员掩护，也可以用于行进间掩护或定位掩护，还可以用于连续掩护和做双掩护等进行配合。

一、掩护配合教学情境设计

掩护配合是比赛中运用频繁的基本进攻战术，而且经常会得到较好的进攻效果。根据比赛中经常运用的掩护战术侧掩护、反掩护、后掩护进行教学情境的设计。

（一）侧掩护

侧掩护是进攻队员站在防守队员的侧面掩护本方队员摆脱防守的基本方法，基于圆柱体原则，掩护时不能移动或触碰防守队员。

1. 侧掩护动作基本方法

面向防守队员，两脚平行站立，屈膝，重心下降，两臂屈肘，自然置于体前。这种掩护方式的优点是掩护面积大，能看清防守队员的意图和行动。

侧向防守队员，两脚前后站位，用肩背挡住对方，这种掩护动作的优点是掩护时容易看到球的活动路线，可以把掩护与空切有机结合。

2. 侧掩护的基本变化

掩护的主要变化是掩护后可以用后转身挡住对方，空切篮下，如果防守队员换防时，掩护者可接应回传球发动进攻。运用侧对防守队员掩护时，可跟进篮下准备接回传球和抢篮板球。在掩护中对方过早交换时，做掩护的队员可由掩护直接变为空切，如图3-6所示。

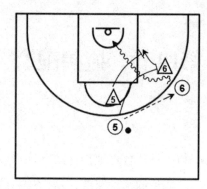

图3-6　侧掩护

3. 侧掩护的教学要求

（1）掩护队员不能够触及防守队员，否则会视为移动掩护。

（2）掩护时必须保持静态动作，不能推防守队员。

（3）掩护者必须与被掩护队员形成默契，等被掩护队员突破后才能移动。

（4）持球进攻尽量贴住掩护队员突破，同时观察防守队员的移动情况，判断进攻或传球给位置更有利的掩护队员。

（二）反掩护

进攻队员传球后向反方向跑动，给无球队员掩护，帮助同伴摆脱紧逼防守，获得接应进攻机会的配合。

1. 反掩护的基本方法

进攻队员传球后向反方向快速移动，面向防守队员两脚平行站立，屈膝，重心下降，两臂屈肘，自然置于体前，帮助另一侧同伴摆脱防守队员。

2. 反掩护的基本变化

通过反掩护可以帮助无球队员摆脱对手获得进攻机会，掩护队员也可以观察防守队员的移动做假掩护空切篮下接应投篮，此外，被掩护队员也可以反跑至篮底接应投篮，还可以根据防守的移动与掩护同伴做连续掩护进攻。通过反掩护可以产生更多的变化。

3. 反掩护的教学要求

以图3-7所示进行说明。

图3-7　反掩护的基本变化

（1）当⑤来掩护时要主动靠近自己的防守队员△号，也可以通过假动作迷惑对手，为同伴掩护创造有利条件。

（2）进攻队员④在⑤做掩护时要向⑤身后方向快速跑动，利用⑤的掩护造成的空当接应球发动进攻。

（3）当进攻队员⑤做掩护时，防守队员△提前堵住④的移动路线，⑤要及时变向空切。

（4）掩护时④也可以伺机空切篮下，或当防守队员△与防守队员△交换防守，④向外围拉开接球时，⑤可直接插向篮下，准备接球进攻。

（三）后掩护

篮球的后掩护指的是当一名球员持球进攻时，另一名队友从后方迅速移动至持球队员的防守队员后面，以帮助接球摆脱防守并得分或制造机会，也可以是内外线无球队员通过后掩护创造进攻机会。

1. 后掩护的基本方法

后掩护是进攻队员从防守人的背后挡人，防守人看不到掩护人。因此，掩护的进攻队员首先要跟防守队员保持一定的距离，面向防守队员背部，两脚平行站立，屈膝，重心下降，两臂屈肘，自然置于体前；其次，掩护过程中要保持稳定动作，身体没有附加动作。

2. 后掩护基本变化

后掩护基本变化如图3-8所示。

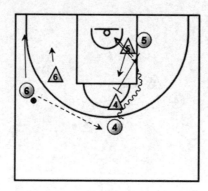

图3-8 后掩护基本变化

（1）当进攻队员④即将接球时，同伴⑤立即向前移动，在④得球时⑤要立即到位。

（2）进攻队员④接球后要有投篮动作，吸引防守队员△靠近自己。当同伴⑤到位时，应及时突破。

（3）当⑤掩护后，要根据④的突破方向，转身挡住防守队员△。向反方向空插，准备接回传球投篮。

（4）如果防守队员△上提堵住进攻队员④突破路线，进攻队员⑤可以选择反跑至篮底接应投篮。

3. 教学基本要求

执行后掩护时，掩护球员要预判被掩护球员的进攻路线，保持好与防守队员的距离，提前做好掩护；持球队员利用防守队员看不到后面情况的优势，尽量贴近对方，往同伴设置掩护的方向进攻。

二、掩护配合注意细节

（1）做掩护时，要做到及时到位，即选择正确掩护位置，掌握最佳阻挡时间，过早或过晚都不会成功。

（2）掌握好掩护的时机，尽量隐蔽掩护的意图，进攻队员可以通过假动作迷惑防守队员。

（3）提高配合的突然性，掩护者移动的距离不要太长，移动速度要快，以免过早暴露目标。

（4）不要给在球场角上的持球队员做掩护，以避免增加防守队员挤压空间，造成给防守队员创造包夹机会。

（5）运用掩护配合时要随机变化，掩护队员的掩护应做到根据防守队员的移动进行后续动作和跟进，保持进攻连续性。

三、课外探究

能够根据各种掩护的主要特点，结合比赛中防守的具体情形，设计综合掩护战术配合。

第五节　策应配合

策应配合是指进攻队员背对或侧对球篮接球后，通过各种传球方式与外线队员的空切、摆脱相结合，借以摆脱防守，创造各种里应外合的进攻机会的配合方法。

一、策应配合的主要类型

策应配合中的中线附近高位策应，主要应对于扩大防守，采用全场紧逼或全场夹击时，高大队员在中线附近接应后传球给快下或空切的同伴，破坏对方的夹击，制造进攻机会。常用的策应配合包括高位弧顶策应、罚球线策应及低位策应，不同策应方式的使用与策应者的进攻特点及对方防守策略有关。策应配合的主要进攻方式有三种：一是策应队员传球给空切队员投篮；二是策应队员接球后，自己投篮或突破；三是策应队员吸引防守队员，传球给外围空位队员进行中远距离投篮。

二、策应配合教学情境设计

（一）战术讲解

针对不同位置策应配合的概念、作用、移动方法、动作要求进行讲解示范。

（1）策应队员假动作、起动与跑动路线及接应球动作。

（2）策应队员接球后运用假动作吸引防守者及观察防守队员及同伴的移动情况，判断传球时机及选择传球方法。

（3）配合接应队员进攻选择切入的时机、位置，随时做好接回传球发动进攻，或者主动参与抢篮板球。

（二）策应配合战术演示

在策应配合教学中要求策应队员突然启动摆脱对手，占据合理有利的策应位置。策应队员接球要求两脚开立、两膝微屈、两肘外展、用身体护球，准确判断场上攻守变化情况，及时地将球传给进攻位置最好的同伴或个人进攻。传球后跟进或抢篮板（策应队员不要站在限制区内，传球要隐蔽、及时、准确）。外线队员传球后利用起动速度或假动作摆脱对手，接到策应队员的传球后迅速做出投篮、突破或传球的最佳选择。

（三）教学组织

1. 二人策应配合各种配合方法练习

如图3-9所示，进攻队员①传球给同伴⑤后，向下加速空切，防守队员△紧跟防守，①急停变向利用⑤号掩护空当急停投篮，如果防守队员△号换防，则进攻队员⑤顺下接应①回传球投篮。

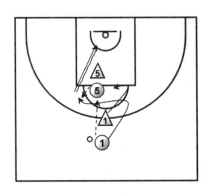

图3-9　二人策应练习

2. 三人策应与掩护的配合练习

如图3-10所示，进攻队员④传球给⑤，顺下，⑤传球给同时上提的同伴⑥，然后利用假动作往下切入，⑥号可以传球给顺下的⑤突破进攻，也可以传球给急停横切的④投篮。

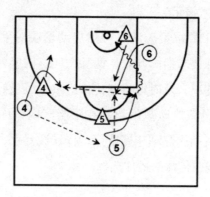

图3-10　三人策应与掩护练习

3. 交叉切入与策应配合练习

如图3-11所示，进攻队员①传球给同伴⑤后，迅速往下移动给同伴③做掩护，③利用掩护快速移动至⑤体侧接应球投篮。⑤也可以传球给掩护后下顺的①投篮。

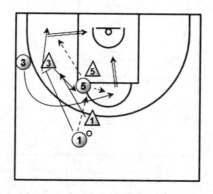

图3-11　交叉切入与策应配合练习

（四）策应动作的要求

（1）用身体和脚步动作抢位，挡住防守队员。

（2）运用低姿或高姿准备要球。

① 低姿是指深屈膝，上体略前倾，重心下降，两臂伸出。

② 高姿是指膝微屈，跨步侧身挡住防守队员，手臂侧上伸准备要球。

③ 用手、眼等示意同伴传球的方向和落点。

④ 策应队员要在策应过程中，利用转身、跨步等动作，及时调整自己的位

置，协助同伴摆脱防守队员和进行更安全的传球。

三、策应配合的教学要求

（1）策应队员接球后，要看两个传球点，掌握先内后外，先异侧后同侧的原则。

（2）在给空切队员传球时，应主要采用低手、体侧或肩上向后传球，在给外围队员传球时，应主要采用头上传球、反弹传球等方法，尽可能避开防守队员干扰。

（3）近距离传球力量要柔和，便于同伴接球后连续完成下一个动作，大范围远距离传球须判断防守队员的位置，快速传球。

（4）传球动作幅度不要太大，有隐蔽性，预防防守队员提前判断传球路线，传球要及时、快速，做到人到球到。

（5）在篮下接球后，若没有个人攻击机会时，要尽快把球回传给外围队员。策应队员接球后的个人攻击动作，主要是接球之后转身突破、后撤步挤投、转身跳投等。运用策应配合时，一定要与掩护空切等紧密结合，提高策应的变化能力。

四、课外探究

根据你掌握的基本战术配合，针对联防及盯人防守，各设计出一套阵地进攻的战术。

第四章

中小学篮球运动教学一体化衔接的案例与分析

　　义务教育体育与健康课程要求设计专项运动技能的大单元教学，也就是在一个具有个性化、选择性、专业化的体育与健康教学体系基础上，基于核心素养，依据课程标准、教材、学生学习情况，对某个运动项目或项目技术组合进行18课时及以上相对系统和完整的教学，对学习内容进行再整合、再重组和再开发，形成具有引领性主题、目标、任务、情境、活动、评价等要素的一个结构化知识与技能总体设计。通过大单元教学取代过去分散运动技术的碎片化学习模式，超越常规的单元和小单元，贯穿学期、学年、水平或学段的超大单元，帮助学生开展系统的、结构化的学习，促进学生完整学会所学运动项目。本章基于不同年段学生篮球运动能力、身心特点对不同水平篮球大单元教学进行统筹设计，对小、初、高年段篮球运动教学进行一体化设计，使不同年段篮球教学更具有联系性、延伸性、进阶性，学生可以系统地学习篮球知识与技能。

第一节　篮球运动大单元教学整体设计

为全面贯彻党的教育方针，落实立德树人的根本任务，发展素质教育，推进教育公平，以社会主义核心价值观统领课程改革，着力课程思想性、科学性、时代性、系统性、指导性，推动人才培养模式的改革创新，培养德智体美劳全面发展的社会主义建设者和接班人。从2003年开始进行新一轮的课程改革，并取得系列成果。《普通高中体育与健康课程标准（2017年版2020年修订）》，《义务教育体育与健康课程标准（2022年版）》（以下简称"新课程标准"），从理念指导、目标引领、课程设计、评价指导、实施建议等指导体育教师理解并实施课程改革实践。

一、核心素养下的教学课程改革

老生常谈，为什么我们的学生喜欢体育运动而不喜欢上体育课？为什么我们的学生上了十几年的体育课，而未能掌握一项体育运动？这两个问题一直困扰着学校体育教学，除了学科关注等外因，体育老师专业素养一直备受质疑。学生喜欢体育运动，但接受不了教师按部就班的教学模式。对于运动项目的肢解式教学，让学生无法体验到运动的乐趣。于是，出现课堂上教师忙于教学组织、教学，学生机械学习的情况；体育课出现无强度、无对抗、无难度的普遍现象。学生的体育学习主动参与度较差。此外，体育课程的设置缺乏系统性，体育教学中往往出现小学教的技术动作在初中体育课堂中重复出现，甚至还出现在高中阶段体育教学中，十几年的体育教学始终在重复单一技术动作的学习。因此，学习了十几年的体育，却掌握不了一项运动技能，对于学生形成终身体育锻炼造成很大的影响。学校体育亟须转变教学理念，结构化的教学内容、递进式的课程体系教学将改变这种教学现状。

为了改变碎片化教学的不利情况，提高学生对于知识的整体认知及学习效果，教育专家们开始把课程划分为不同的单元，目的是更好地组织和管理学生的学习。单元教学的基本理念是将课程内容划分为一系列相关的主题或单元，每个单元涵盖一段时间的教学，通常为几周至几个月。每个单元包含一系列相关的学习活动和任务，学生通过这些活动和任务来掌握特定的知识和技能。因此，单元教学是一种以学生为中心的教学模式，通过将相关的知识内容整合在一起，组织成逻辑完整的单元，使学生能够在一个主题或问题上进行深入学习和研究。

单元教学的设计通常遵循以下几个步骤：确定主题或问题、制定学习目标、设计学习活动和评价方式。在单元教学中，学生可以通过探究、合作、解决问题等方式主动参与学习，培养他们的问题解决能力、创造力和合作能力。单元教学的整体、分解、整体的教学模式，对于培养学生核心素养有较好的促进作用。

二、新课程标准实践探索与方向

新课程标准经过实践探索，全面梳理课程改革的困难与问题，明确修订重点和任务，注重对实际问题的有效回应；体育教学应遵循学生身心发展规律，加强课程内容一体化设置，促进学段衔接，提升课程科学性和系统性。进一步精选对学生终身发展有价值的课程内容，减负提质；细化育人目标，明确体育教学实施要求，增强课程指导性和可操作性。

在课程设计方面，新课程标准提出加强学段衔接。注重各年段衔接，基于对学生在不同年段的发展水平的评估，合理设计小学课程，注重活动化、游戏化、生活化的学习设计。依据学生从小学到初中在认知、情感、社会性等方面的发展，合理安排不同学段内容，体现学习目标的连续性和进阶性。了解各年段学生特点和学科特点，为学生进一步学习做好准备。新课程标准基于核心素养的提升，聚焦于"教会、勤练、常赛"的教学理念，通过知识的整合，突出课程内容的结构化，重视对知识的有效重构。

三、"三大球"计划推进及启示

新课程标准与国家体育总局《"十四五"体育发展规划》提出主要目标，让青少年掌握一至两项运动项目，使青少年体育发展进入新阶段。对许多青少年而言，学校体育往往是其最早接触运动技能学习的途径，也是青少年运动兴趣培养和运动潜力挖掘的重要阶段。"三大球"中的篮球是我国青少年最喜欢的运动项目之一。然而，在当下的体育课情境中我们可以发现，现行的体育课堂中学生排队练传球、运球，多数时间学生的表现是索然无味；然而，一到活动时间，却生龙活虎地打起比赛，兴致勃勃；从小学阶段开始学双手胸前传球到高中的体育课堂一样能看到双手胸前传球的课例；很明显，无论是课程体系设计还是教学方式，都远远滞后于时代对人发展需求的要求，体育教学不仅仅是运动能力的掌握，还必须能够指导学生健康行为的形成及体育品德的培养。核心素养视角下，以体育人目标，学校体育需进一步整合课程内容，为学生的能力培养搭建学习平台，采用多样化的教学方法提高体育教学效果。

为了能够让更多学生体验到运动乐趣，掌握运动技能，体育教师需认真审视及了解学生的学习情况，对学习的课程进行整合、重构，设计出适合学生的课程体系，让学生在任务驱动下逐步感受运动的魅力，掌握运动技能，并形成健康的体育生活，培养体育品德。

四、篮球大单元教学设计的思路

按照新课程标准中对于课程实施的建议，水平二、水平三均开设不少于18课时篮球课程，7—8年级则每个学期开设1个运动项目，9年级则让学生根据兴趣爱好选择1个运动项目进行为期1年的学习，确保初中毕业时掌握1—2项运动技能；《普通高中体育与健康课程标准（2017年版）》提出高中阶段除了体能、健康教育学分外，其余10个学分是必修选修，学生可以根据自己的兴趣选择学习。假如：根据学生的不同时段的能力发展与知识掌握情况，进行篮球课程整体设计，就可以很好地解决不断重复学习单个技术内容的问题。让学生在不同情境中体验、学习、领会和解决实际问题，掌握篮球运动技能。

（一）基于学生核心素养培养的篮球课程设计

体育与健康课程要培养的核心素养需要学生通过较长时间的持续学习，在知识内化、行为养成、品德修为基础上逐渐形成。篮球大单元教学基于"大任务""大概念""大情境"进行整体教学设计，其核心任务在于通过完成学习任务，培养学生核心素养。学生通过18或以上课时完成学习任务，获得运动能力提升，形成健康行为，发展体育品德。根据不同年段学生的学习目标要求、学情分析以及篮球运动的特点，对小学、初中、高中的篮球运动进行整体设计，如表4-1所示。

表4-1　学生核心素养培养的篮球课程总体设计

学段	小学段		初中段		高中段
水平	水平二	水平三	水平四 （7、8年级）	水平四 （9年级）	水平五 （三模块为例）
学习主题	篮球游戏初展身手。	快速移动，创造进攻机会。	对抗或配合创设空位，获得进攻机会。	了解整体配合，学会集体攻防。	不同位置的攻防能力提升。 攻守转换，形成快攻；整体战术配合探究学习。 篮球运动教育模式。
所需课时	18	18	36	72	180
教学情境	1.我与篮球做朋友。 2.人球合一长技能。 3.篮球游戏展身手。	1.以时间差创造进攻空间。 2.快速转移球创造进攻空间。 3.协作配合完成攻防对抗。 4.篮球嘉年华展才华。	1.快速移动，寻找空位。 2.对抗创造进攻空位。 3.团队配合创设进攻空位。 4.篮球赛场试比高。	1.了解不同的防守阵型。 2.基本战术配合攻防。 3.篮球赛季及跨学科学习。	1.认识位置及提高个人攻防技能。 2.判断、选择、发动快攻。 3.了解不同防守阵型弱点并发展相应进攻。 4.系列赛季。

从小学到高中进行篮球课程的一体化设计，可以让学生在适合的年段对应着相应的篮球运动主题进行学习，在学生的最近发展区域中提高篮球技能，通过篮球学练、篮球嘉年华、各类比赛逐步体验篮球魅力，循序渐进掌握运动技能，形成良好品格与健康习惯。

一体化篮球课程设计根据不同的年龄层次采用进阶性设计，从小学低年段的篮球游戏中学技能、熟悉球性，到小学高年段的学习篮球基本技术与技术组合并应用于具体攻防中；初中年段开始学习局部到整体的配合中攻防能力；高中年段则以系统认识篮球运动，懂得自我提升，为个人技能发挥与球队团队合作的最优方式寻找途径。在运动教育模式中体验多种角色，促进运动能力提升、健康行为形成及品德锤炼。全学段一体化的课程构建，使学生逐步掌握篮球知识与技能、技战术运用、裁判规则等方面的知识，提高观赏与评价能力，为学生核心素养进阶培养进行系统化设计。

（二）篮球运动大单元设计所具备的特征。

篮球大单元教学设计对篮球教学内容重新进行梳理整合，创设能够统领整个单元的大的学习任务为主题。大任务的确定帮助学生理解、构建单元知识；通过学习任务驱动，对多个关联的教学情境进行整合学习，使学生能够在复杂的情境学习中获得解决综合能力的方法与途径，培养核心素养。篮球运动大单元设计呈现以下特征。

1. 综合性学习

篮球大单元教学通过将相关主题或任务，把零碎的单个技术及技术组合进行整合与串联，让学生能够全面地掌握相关主题下篮球的知识和技能运用。以水平三"快速移动，创造进攻机会"为例，通过以时间差创造进攻空间、快速转移球创造进攻空间、协作配合完成攻防三项任务学习，把运球急停急起、变向运球、运球突破、假动作运用、传球等多个单一动作进行有机串联，形成新的学习体系。大单元教学设计可以通过综合性学习，帮助学生建立知识体系，提高篮球运动的整体理解和应用能力。

2. 任务驱动学习

篮球大单元教学以任务为导向，鼓励学生在完成任务的过程中主动发现问题、解决问题和思考问题。通过学习任务完成过程中相关联的技能，在攻防学习、个性化提高到集体配合中，逐步了解篮球运动文化，如水平四大主题下的学习任务之一"团队配合创设进攻空位"。学生在任务驱动下，学习行进间运球投篮、运球突破、策应等相关篮球技战术，在比赛中完成团队攻防；在学习过程中可以发现策应与切入、策应或掩护、策应与突破结合等拓展策应配合多样化运用，并能够在实际攻防比赛中体现出来。任务驱动学习方式可以培养学生的自主学习和解决问题的能力，提高学生的合作学习能力、批判性思维、创新能力。

3. 跨学科学习

篮球大单元教学可以通过将不同学科的知识融合在一起进行教学，培养学生的跨学科思维和学科整合能力。在篮球赛季中，通过对关键技术的统计分析，可帮助学生发现自身存在问题及寻找提高方法，也可以通过关键数据分析，了解技术发挥与团队发挥的一致性，提高个人技能发挥与团队配合的正相关度。此外，通过赛季发展学生的策划、组织以及摄影、啦啦操、宣传等多种学科能力综合学习。大单元跨学科学习设计可以提高学生的综合素养，增强学生在解决实际问题的能力。

4. 深度学习和质疑思维

篮球运动大单元教学更注重学生的深度学习和思考能力，通过激发学生的质疑思维和探索精神，培养他们的批判性思维和创新能力。如"以移动寻找或配合创设空位，获得进攻机会"主题学习中，学生在利用反掩护创设进攻机会的任务驱动下，可根据防守队员的移动进行掩护、反跑、假掩护、切入等多种练习方式，提高在配合下创造进攻空间的能力。这种学习方式可以使学生更加深入地理解和应用所学知识，提高他们的问题解决能力。

综上所述，篮球课程一体化设计通过大单元形式呈现出对学生篮球运动能力递进式的提升进行系统化规划，对促进学生的学习能力有着积极的影响，可以培养学生的综合能力、自主学习能力、跨学科思维能力和深度学习能力。这些能力的培养将使学生更加全面发展，并为他们未来的学习和工作养成良好的运动习惯打下坚实的基础。

（三）实施篮球运动大单元教学设计的路径

新课程标准强调加强课程内容的整体设计，提出"保证学生学习和掌握结构化的基本运动技能、体能、专项运动和健康技能等，为学生参与运动和养成健康生活方式奠定基础"。强调对核心素养下学习主题进行知识的整合，突出课程教学的结构化，探索解决学习问题、任务的方法，发展学生能力。因此，开展篮球运动大单元教学对于一线教师的教学实施有较好的引领作用。大单元

结构化设计，不仅仅是指知识、技能的结构化，更是教学活动的结构化。这里的"结构化"，是基于新课程标准的理念，在大概念、大情境、大任务的统领下，使整个大单元的教学活动更趋于条理化，如图4-1所示。

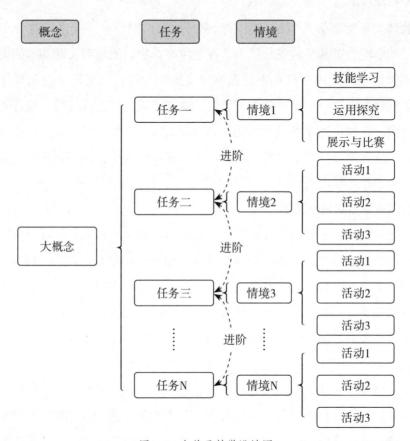

图4-1 大单元教学设计图

以大概念统领大单元教学设计，通过任务群引领形成互相关联小单元学习单位，每个小单元学习单位在具体的学习情境中，为学生创设学、练、赛学习环境，促进其篮球运动能力的提高与优良品格的发展。在这种不断进阶完成学习任务中达成大单元的学习目标，提升学生的核心素养。

（四）实施篮球运动大单元教学实用意义

篮球运动大单元设计通过课标分析、教材分析、学情分析，确立单元学习目标及达成指标，提炼大概念统领单元设计及实施课时；围绕学习任务设计结构化学习情境，把篮球技术组合、战术配合及实践比赛等进行整体设计，对于教师教学、学生学习有较大帮助，可以改变课堂的生态环境，提高师生与生生之间教与学的互动。

1. 有助于组织教学内容

大单元教学能帮助教师将庞杂的教学内容进行有效的组织和管理，突出主题，使教学目标更加明确和具体，有利于学生的针对性学习及提高对运动技能的运用理解、行为规范的认知，更能够体会到体育精神对团队的影响。

2. 促进学习活动的连贯性

通过对教学内容进行分块处理，大单元教学可以使学习活动之间的联系更加紧密，学生在学习的过程中能够建立起知识之间的联系、迁移、理解，提高学习效果。

3. 培养学生的学习能力

单元教学注重学生的主动参与和合作学习，鼓励学生进行探究、思考和交流，培养学生的学习兴趣、学习方法和学习策略，提高他们的学习能力。

4. 便于教师评价学生的学习成果

在单元教学中，教师可以通过对学习单元的评价来了解学生的学习情况，帮助他们及时调整学习策略和提高学习效果。

5. 提高教师的教学效果

单元教学能够使教师更加有针对性地进行教学，帮助教师更好地把握教学进度和节奏，提高教学效果。

因此，通过大单元教学对课程内容进行归类重构，对于拓展学生思维、促进学生学习、培养学生核心素养有实际意义。

第二节　水平二篮球运动大单元教学设计与案例

篮球运动是一项全身性的运动，能够锻炼青少年的肌肉、增强心肺功能；篮球也是一项集体运动，可以促进与人合作、沟通、协调的能力，培养团队与互助意识；通过篮球比赛培养学生迎难而上、敢于担当的体育精神；在规则意识、公平竞争等品格培养方面有独特的育人价值。篮球运动展现出快速、对抗、团队等诸多因素，吸引广大学生喜欢。根据《义务教育课程标准（2022年版）》水平二的目标要求，学生需掌握篮球运动项目的基础知识，能在篮球游戏中学习和体验基本动作与简单组合动作，在篮球运动挑战的快乐体验中，培养勇敢顽强、克服困难的意志品质。此外，水平二的学生还要学习基本规则和要求，体验篮球文化，并在参与篮球运动中获得健康行为与优良体育品格。

一、水平二篮球运动大单元教学设计

水平二篮球运动大单元结构化教学设计基于学生的学情及身心特点，按照水平二的学业要求精心设计，旨在让学生体验篮球运动乐趣，培养学生的兴趣爱好及发展篮球的基本技能。教学设计思路以单元学习大概念主题为中心，围绕大的学习主题设计几大任务，难度呈现逐级进阶，以任务为导向设计各种学习情境，让学生在简单的情境学习中获得知识与技能及良好的情感体验。

（一）水平二学情分析

1. 身心特点

水平二学生身体发育处于童年时期后段，身体发育相对比较平稳，由于骨的胶质较多、含钙较少，弹性较大，柔韧度可塑性较强，但容易变形等特征，此阶段应重视学生正确身体姿势的培养；三、四年级学生是速度、柔韧性体能的发展敏感期，学生肌肉含水量相对较大，大肌肉的发育早于小肌肉群，可通过跑、跳、投等基本活动发展肌肉力量。另外，水平二的学生兴趣广泛，容易被新颖的练习内容吸引，但注意力持续时间较短，容易走神，故讲解不宜多、长，教学方法要多样化。学生的学习兴趣从个体活动转移到集体活动。在篮球运动的学习中，篮球游戏和集体活动的练习更能激发学生的学习兴趣。

2. 学习基础

经过水平一体育教学干预，水平二的学生基本掌握跑、跳、投等基本活动技能，并形成一定的规则意识。尽管多数学生没有接触到篮球，但水平二的学生体能发展已达到一定程度，前期体育介入使学生的反应、协调、力量、速度等体能得到迅速发展，为篮球运动学习打下良好的体能基础。水平二学生善于观察、表现，喜欢模仿，对于操控技术有较大兴趣，学生具有学习控制篮球、运球、传接球、投篮等基本动作的学习基础；基于水平一对体育规则的理解，学生比较容易理解篮球运动的简单知识与规则，能够在集体活动中逐步形成团队精神。

（二）水平二篮球运动大单元设计思路

水平二篮球运动的大单元学习目标的设计要参照课程标准中的水平二学业要求。根据学业质量要求，以"篮球运动初展身手"作为大单元学习主题，以学生能够参与游戏及展示技能为主要任务。通过"我与篮球做朋友""人球合一长技能""会与同伴传接分享篮球""篮球比赛展身手"等几大任务，让学生在简单的情境中完成技能学习与体验体育运动乐趣，如图4-2所示。几大任务的学习分别指向学生球性练习、控球能力、简单传接球能力及学会遵守篮球基本规则。这几大任务分别设置不同的学习情境，为学生创设学、练、赛或展示的平台，体现出教学内容的结构化与学习任务的关联性。此外，单元设计针对学生的发展敏感期重点设置体能练习，通过多样性、补偿性、整合性的学习设计全面促进学生的体能发展。以多样化的教学方法使学生在真实的情境中体验篮球运动的乐趣，提高篮球技能，形成良好的运动习惯与优良品德。

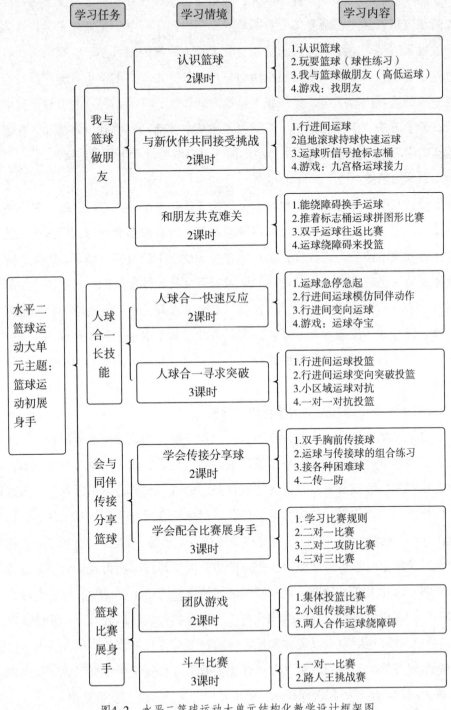

图4-2　水平二篮球运动大单元结构化教学设计框架图

二、水平二篮球运动大单元教学设计案例

表4-2 水平二篮球运动大单元教学设计案例

<table>
<tr>
<td rowspan="3">学习目标</td>
<td colspan="3">1.运动能力：能够了解篮球运动的基本常识，基本掌握运球、传球、投篮及组合动作，并运用于篮球游戏或比赛中；通过篮球运动学练发展柔韧性、灵敏性、上下肢力量及速度等多种体能，提高参与篮球运动的技能展现的稳定性。</td>
</tr>
<tr>
<td colspan="3">2.健康行为：了解科学锻炼方法，能够认识准备活动的重要性，主动预防、避免伤害事故，积极参与篮球运动，在学练中注意情绪控制，学会与他人交流沟通。</td>
</tr>
<tr>
<td colspan="3">3.体育品德：参与篮球运动表现出不怕困难、敢于挑战自己的精神；能够学会遵守游戏规则，尊重他人，能够做到胜不骄，败不馁。</td>
</tr>
<tr>
<td rowspan="6">主要教学内容</td>
<td colspan="3">1.基础知识与基本技能：篮球基本常识，滚、拨、拍等球性练习，各种原地运球，双手胸前传接球，双手投篮；行进间运球、传接球及行进间运球高手投篮等。</td>
</tr>
<tr>
<td colspan="3">2.技战术运用：行进间运球突破、局部多打少。</td>
</tr>
<tr>
<td colspan="3">3.体能：柔韧性、灵敏性、上下肢力量、反应速度、核心力量等体能。</td>
</tr>
<tr>
<td colspan="3">4.展示或比赛：游戏、篮球乐园、一对一比赛、路人王。</td>
</tr>
<tr>
<td colspan="3">5.规则与裁判方法：篮球运动的比赛规则和基本裁判方法。</td>
</tr>
<tr>
<td colspan="3">6.观赏与评价：关注篮球比赛相关信息并收看，积极参与学校篮球比赛；能够观赏国内篮球比赛，尤其是中小学生篮球赛事。</td>
</tr>
<tr>
<td rowspan="4">重难点</td>
<td>学生学习</td>
<td colspan="2">学会通过运球或传球与投篮结合创设进攻机会。</td>
</tr>
<tr>
<td>教学内容</td>
<td colspan="2">能够根据防守的站位或移动选择恰当的进攻方式。</td>
</tr>
<tr>
<td>教学组织</td>
<td colspan="2">自主学习与小组合作学习结合，集体练习与小组探究学习结合。</td>
</tr>
<tr>
<td>教学方法</td>
<td colspan="2">讲解示范、游戏、比赛法、任务驱动教学。</td>
</tr>
<tr>
<td>课时</td>
<td>学习目标</td>
<td>主要教学内容</td>
<td>教学组织与方法</td>
</tr>
<tr>
<td>1</td>
<td>运动能力：了解篮球运动基本常识及篮球的特性；熟悉球性，发展学生的控球能力，基本能够控制运动中的篮球；通过体能练习发展协调性、核心力量及柔韧性。
健康行为：积极参与篮球运动，能够保持一定的活动安全空间，鼓励同伴。</td>
<td>1.结构化知识与技能：认识篮球，了解篮球特性
（1）滚、拨、打球
（2）抛球接球
（3）滚球追球游戏
（4）赶球接力

2.体能
（1）横劈叉
（2）军人爬行
（3）跳小垫
（4）连续前滚翻</td>
<td>1.教师集体练习、讲解示范、巡视指导；学生散点练习，学会小范围控制球移动及抛接练习。
学生分组进行追拨球练习，教师进行个别辅导。
小组合作进行游戏，教师组织并评价鼓励学生。
2.分组集中学练；教师讲解示范，各小组在组长指挥下练习；听到教师的信号后进行依次轮换练习。教师巡视辅导及评价。</td>
</tr>
</table>

续 表

课时	学习目标	主要教学内容	教学组织与方法
1	体育品德：通过参与篮球运动，形成克服困难、敢于尝试及体验各项挑战的精神，学会遵守游戏规则。	3.比赛或展示：我与篮球照个相	3.学生尝试拍球，听到老师信号后与篮球进行各种姿态合照及几个人的集体造型。
2	运动能力：了解篮球运动特点；能够通过绕球、拨球、原地连续拍球等动作提高控球能力，可以尝试运球慢走；通过练习发展下肢力量与灵敏性，增强学生的心肺功能。 健康行为：能了解体育锻炼的重要性，积极参与篮球运动，能积极与他人交流或沟通。 体育品德：能够在参与篮球运动中表现出勇敢，遵守老师提出的要求和游戏规则，活动中乐于助人。	1.结构化知识和技能：我与篮球做朋友 （1）全身绕球 （2）左右拨球及抛接球 （3）原地高低运球 （4）运球找朋友 2.体能 （1）开合跳 （2）高抬腿 （3）模仿鸭子走 （4）跳绳 3.比赛或展示：双手运双球	1.教师讲解示范、巡回指导，并对学生进行个别辅导；学生根据教师的要求进行散点自主练习；集中进行原地高低运球，并能够根据老师的提示做出相应的反应，如报数、下蹲等。 集体在场地进行运球慢走，听到老师的报数后找到相应数量的同伴。 2.集体练习，分成四组，组长按照场地标志组织练习，教师巡视指导、个别提醒或辅导学生；最后进行跳绳计时赛。 3.两人一组进行双手运双球体验，尽量控制运球方向，要求每次运球能够达到10次以上。
3	运动能力：基本了解运球的动作原理，能够形成正确的运球姿势，并学会行进间运球；通过体能练习发展移动速度与灵敏性，掌握基本的篮球移动步法。 健康行为：知道参与体育活动前需进行热身活动，能自觉认真做好准备，参与活动中能够注意控制自己的情绪。	1.结构化知识和技能：运用行进间快速运球转移球 （1）原地运球报数 （2）拨地滚球绕障碍后运球返回 （3）小组运球比赛	1.教师讲解示范并说明练习要求；集体练习，学生按照教师给出的信号做出相应的反应。 分组练习，小组长指挥同伴依次练习，通过五个障碍后第二名同伴才能出发，保持安全距离；教师巡视指导、个别辅导，组织学生展示并评价。 教师讲解游戏方法并统一组织及评价；学生由各组长指挥按要求进行。

续 表

课时	学习目标	主要教学内容	教学组织与方法
3	体育品德：在篮球游戏中，表现出努力顽强的精神，能够遵守游戏规则，公平参与游戏竞赛活动。	2.体能 （1）敏捷梯脚步练习 （2）波比跳 （3）加速跑接后退跑 （4）支撑横爬 3.比赛或展示：运球夺宝	2.体能练习：分别于两条边线及端线与中线练习，分组轮换练习，教师巡视指导。 3.分组比赛：教师讲解游戏规则，学生组织参与比赛，在规定时间内获得的标志碟多者为胜。
4	运动能力：基本掌握篮球比赛运球规则，能够在快速运进间控制球，并在游戏中体现出来；发展学生的灵敏性及下肢力量，促进行进间运球移动时身体平衡能力的发展。 健康行为：了解科学运动对于促进身体健康的作用，积极参与篮球运动，乐观开朗，在练习中能够主动与同伴交流。 体育品德：通过篮球游戏，初步体验篮球的团队配合，敢于接受困难挑战；能遵守游戏规则，积极对待游戏胜负。	1.结构化运动知识和技能：能够朝不同方向快速运球 （1）两人运球模仿动作 （2）不同方向的直线快速运球 （3）运球追逐跑 （4）运球听信号抢标志桶 2.体能 （1）折返跑 （2）滑步练习 （3）跳绳 （4）平板支撑 3.比赛或展示：九宫格运球接力	1.分组练习：教师讲解示范及巡视指导；学生根据同伴的动作进行快速模仿练习。分组教学，学生根据不同方向的标志桶进行运球往返；教师根据学生的练习情况运球组织追逐跑。 教师讲解游戏规则，学生组织参与比赛，听信号从两侧边线运球到中圈抢标志桶，在规定时间内获得的标志桶多者为胜。 2.体能练习：分组由骨干学生指挥练习。十字跳（10次/组）、滑步往返于两边端线、平板支撑、跳绳时间30秒/组。 3.分组比赛：教师讲解游戏规则，学生两组对应比赛，每次运球可携带一标志桶，标志桶先呈直线或斜线的组获胜。
5	运动能力：能够基本掌握不同运球方式按拍球位置，行进间运球做到人球合一，能快速推进篮球；通过爆发力、下肢力量及	1.结构化运动知识和技能：克服障碍，完成快速运球 （1）快速直线运球 （2）手推标志桶运球	1.分组练习：教师进行讲解示范、巡视指导，针对学生的学习情况组织学生展示与评价，辅导学生练习；学生按照教师的要求分组练习，

续 表

课时	学习目标	主要教学内容	教学组织与方法
5	核心力量等多种体能，促进身体素质提高。 健康行为：学会主动地参与篮球运动，并表现出积极态度，乐于参与集体活动并表现出对各种环境的适应性。 体育品德：在篮球学练中能体现克服困难、敢于挑战自我的精神，遵守游戏规则，表现出较强的集体精神。	（3）绕标志桶运球 （4）小小搬运工比赛 2.体能 （1）弓步跳 （2）十字跳 （3）立定跳远 （4）直臂支撑 3.比赛或展示：推标志桶运球拼图形比赛	由小组长指挥并维持纪律，在游戏时能组织同伴讨论。 2.体能练习采用小组轮换练习；小组长组织练习，并进行互评价；教师巡视指导，并对学生完成的动作进行评价。 3.分组比赛：教师讲解游戏规则，并统一组织游戏；学生按照教师的要求，遵守好游戏规则，先完成任务者获胜。
6	运动能力：基本掌握绕障碍换手运球的技术，能够在行进间运球中完成投篮；通过多种体能练习，发展学生腰腹力量、下肢力量及灵敏性。 健康行为：学会主动地参与篮球运动，主动与同伴交流，能够注意到自己在活动中的情绪变化，并加以控制。 体育品德：在活动中学会克服困难，表现出对自己技能掌握的自信，能在集体投篮比赛中表现出为集体争光的荣誉感。	1.结构化运动知识和技能：能够运球绕过障碍完成投篮 （1）利用标志桶创设情境练习绕障碍 （2）行进间运球急停投篮 （3）运球绕过障碍投篮 2.体能 （1）两头起 （2）敏捷梯脚步练习 （3）开合跳 （4）深蹲 3.比赛或展示：集体投篮比赛	1.分组练习：教师讲解练习动作的要点，并进行示范，巡回指导，并组织学生讨论如何更快地通过障碍的运球方法；学生分组探究学习，体验不同方式绕过障碍；能够把绕障碍与投篮技术结合，促进学生的技能运用能力。 2.体能练习：采用分组轮换练习。教师讲解每种体能练习的方法与任务要求，并进行巡视指导；各组学生在小组长指挥下进行轮换练习。 3.分组比赛：教师讲解比赛规则，运球路线及投篮统计方法；组织学生进行比赛；分析及评价。
7	运动能力：基本掌握运球急停动作，并能够在急停后通过传球转移球；通过多种体能练习发展反应速度、灵敏性及核心力量，提高行进间运球的稳定性。	1.结构化运动知识和技能：行进间运球急停急起突破传球 （1）行进间运球急停 （2）行进间急停急起加速运球 （3）行进间急停传球	1.分组练习：教师讲解示范急停脚步，巡视学生练习并指导；小组长根据教师要求组织练习，共同探究如何结合球做好急停动作，并迅速调整身体姿势，做好传球动作。

续表

课时	学习目标	主要教学内容	教学组织与方法
7	健康行为：积极参加篮球运动并体现出积极向上、乐观开朗的精神风貌；能够适应与不同的伙伴合作。 体育品德：在游戏中敢于接受挑战，能够表现出自信与担当，为集体争先的团队精神。	2.体能 （1）快速碎步接加速跑 （2）各种滚翻练习 （3）仰卧起坐 （4）直臂支撑横移 3.比赛或展示 游戏：运球夺宝	2.体能练习采用分组轮换练习，教师讲解动作要求及完成次数，巡视指导，检查完成质量。小组长指挥练习。 3.游戏法：教师讲解游戏的规则与方法，两个小组在中线听信号迅速运球到限制区夺宝（可在罚球圈内进行攻防，丢球的同学不能抢宝）。学生在组长带领下按要求参与游戏，奋力争先，规定时间内夺宝多者为胜。
8	运动能力：基本掌握行进间运球技术，并能够在快速运球中急停投篮，以技术组合学练提高持球进攻能力；通过体能练习发展学生快速反应、加速能力及核心力量。 健康行为：积极参与篮球运动，并能够注意控制自己的情绪，能理解同伴的失误并为他加油。 体育品德：通过篮球比赛体现出顽强奋勇争先的精神；能遵守比赛规则，做到胜不骄，败不馁。	1.结构化运动知识和技能：行进间运球急停投篮 （1）行进间运球模拟对方动作 （2）行进间运球急停变向运球 （3）行进间运球急停投篮 （4）集体投篮比赛 2.体能 （1）交叉步跑 （2）高抬腿跑接加速跑 （3）拱桥 （4）平板支撑 3.比赛或展示 一对一比赛	1.分组练习：教师讲解示范投篮动作；巡视指导，辅助学生练习，并组织学生展示与评价引导；学生在小组长的组织下有序练习；认真提高自己的投篮技术；游戏时能够互相鼓励。 2.体能练习：采用分组轮换练习，教师讲解及对动作完成组数、次数进行要求；小组长组织练习，互相鼓励。 3.分组比赛：教师讲解比赛规则，小组长组织进行组内比赛。体会篮球比赛的攻防中技能运用。
9	运动能力：知道行进间投篮的规则及动作要领，基本掌握行进间高手投篮方法，并能与运球突破结合	1.结构化运动知识和技能：能用行进间高手投篮 （1）原地模拟高手投篮	1.集体模仿练习，教师讲解示范，强调蹬、伸、翻、拨球等动作细节；学生集体模仿练习，体会投篮动作。其

课时	学习目标	主要教学内容	教学组织与方法
9	运用；通过体能练习发展学生核心力量及下肢力量。 健康行为：了解运动安全知识，能主动地参与篮球运动，能意识到活动中自己的情绪变化对他人的影响，并加以控制。 体育品德：通过篮球练习与比赛的成功体验培养自信；学会在团队合作中表现出责任与担当。	（2）行进间高手投篮练习 （3）行进间运球突破高手投篮 2.体能 （1）深蹲 （2）横滑步 （3）波比跳 （4）螃蟹爬 3.比赛或展示 小组合作投篮比赛	次，分小组进行练习，由小组长指挥；教师巡视指导，辅导及组织学生展示，评价引导。 2.体能练习：小组长按教师安排的练习场地进行分组练习，教师根据每组学生的练习情况组织轮换。 3.比赛法；分小组，每组3个球，在4分钟内从中线开始运球，采用行进间高手投篮方式投篮，自抢篮板交给同伴练习，计算投中数量，多者获胜。
10	运动能力：了解一对一比赛的规则，基本能够掌握运球变向突破技术，并能够在对抗情境中运用；通过篮球学练及体能练习发展学生灵敏、柔韧性及反应跑的速度。 健康行为：能够主动地参与篮球运动，通过活动提高对各种竞争环境的适应能力，学会控制自己情绪。 体育品德：通过篮球练习与竞赛培养不怕困难、敢于竞争的精神，能够遵守规则、尊重对手，比赛中能表现出文明礼仪的行为。	1.结构化运动知识和技能：在持续对抗下完成投篮 （1）小区域运球抢球 （2）胯下变向运球 （3）行进间胯下变向运球突破投篮 2.体能 （1）体前屈 （2）快速跳绳 （3）保加利亚蹲 （4）3/4场冲刺跑 3.比赛或展示 一对一挑战赛	1.分组练习：教师讲解小区域运球的规则，在4米正方形区域进行运球抢球，出界或丢球为失败；小组长组织组内轮换练习；根据场地组织练习行进间运球胯下运球变向，探究变向与加速结合形成突破的要点；教师巡视指导，对各小组练习讲评。 2.采用分组轮换练习，由小组长组织练习，教师根据学生的练习情况评价、鼓励，并组织轮换。 3.比赛法：采用分组练习，教师巡视指导、现场分析学生的技术运用。

续 表

课时	学习目标	主要教学内容	教学组织与方法
11	运动能力：基本掌握双手胸前传球的动作要领，能够准确传球给同伴，学会运球与传球结合；通过多种练习方法发展学生的下肢力量、灵敏性及核心力量。 健康行为：积极参与篮球运动，在练习中学会与同伴合作交流，表现出乐于助人的品格。 体育品德：通过篮球练习体验团队配合，培养规则意识，形成公平竞争的体育道德。	1.结构化运动知识和技能：能够用双手胸前传球快速转移篮球给同伴 （1）模拟双手胸前传球 （2）两人一组对传球 （3）快速运球折返传球 2.体能 （1）侧身跑 （2）敏捷梯脚步练习 （3）两级蛙跳 （4）军人爬行 3.比赛或展示 全场传接球比赛	1.分组合作练习：教师讲解示范双手胸前传球的技术要点，让学生体验蹬地与伸臂向外拨球的动作，观察球在空中运行状态；学生两人一组相隔4米进行练习与体验，并逐步进行运传球结合练习；教师巡视指导，并进行动作评价。 2.体能练习：采用分组练习，骨干学生组织练习，教师根据练习情况组织轮换，并就练习情况进行点评。 3.比赛法：分组进行传接球比赛，可以运传结合（只能1次运球）向前转移球，球率先到达对方半场底线获胜。
12	运动能力：能够在快速行进间完成传接球，并根据防守的站位选择攻防；通过不同体能练习发展学生的灵敏性、上肢力量。 健康行为：掌握篮球运动的健康知识，学会做好防护，在对抗练习中能够调控自己的情绪，保持积极心态。 体育品德：通过篮球比赛的对抗体验，养成克服困难、不轻言放弃的精神，能够通过比赛逐步提高自信。	1.结构化运动知识和技能：能够判断防守的站位选择进攻或传球给同伴 （1）快速传接球 （2）接各种困难球 （3）二传一防练习 2.体能 （1）侧身跑 （2）跪姿俯卧撑 （3）开合跳 （4）敏捷梯脚步练习 3.比赛或展示： 二对一比赛	1.分组复习快速传接球，尝试接各种困难球，教师巡视指导，并组织学生展示；引导学生分组进行二传一防练习，学生根据防守队员的站位，选择传球方法与路线。 2.体能练习采用分组轮换练习，骨干学生指挥练习，教师巡视讲评。 3.比赛法：组内轮换攻防，进攻方根据防守队员站位，选择进攻或传球给同伴进攻，防守队员要积极移动防守，并抢篮板球。

课时	学习目标	主要教学内容	教学组织与方法
13	运动能力：初步学会跑空位接应意识，能够通过运、传、投篮等基本组合发动进攻；通过多种方式练习发展学生的灵敏、动作协调性及上下肢力量等综合体能。 健康行为：乐于参与篮球运动，能够与同伴交流学习心得，与同伴互相鼓励，能适应各种挑战，积极调整心态。 体育品德：在比赛中表现出不怕困难、敢于挑战的意志品质，能按照比赛规则参与活动，乐于助人。	1.结构化运动知识和技能：学会跑位接应合作进行比赛 （1）原地二对一传球 （2）运球、传球结合接应投篮 （3）二对一半场比赛 2.体能 （1）双摇跳绳 （2）兔子跳 （3）平板支撑 （4）跪姿俯卧撑 3.比赛或展示 二对二比赛	1.分组探究学习：教师根据各项活动讲解示范，布置不同任务引导学生学习。二对一中不同防守下的传球手法运用；运、传结合创造投篮机会中应该如何跑位接应等。学生根据不同任务，在小组长的引领下进行探究学习。 2.体能练习：采用分组练习，各小组由小组长组织练习；教师巡视及鼓励学生完成好动作，组织轮换。 3.分组比赛：教师讲解比赛规则，鼓励学生根据学过的技术动作进行攻防练习。
14	运动能力：了解行进间快速传接球要点，在进攻中受阻挡时能运用传球转移进攻方向；通过比赛或练习发展核心力量、灵敏体能、增强心肺功能。 健康行为：能积极参与篮球学练，并主动与同伴交流，在对抗练习中能保持较稳定的情绪。 体育品德：在篮球比赛中敢于挑战自我，尊重对手，遵守篮球比赛的规则，能够理解并接受比赛的结果。	1.结构化运动知识和技能：学会行进间传接球投篮 （1）原地运球与传球结合 （2）二人前后移动传球 （3）两人侧身行进间传接球 （4）传接球投篮 2.体能 （1）俄罗斯转体 （2）熊爬 （3）俯撑抬腿 （4）各种滚翻 3.比赛或展示 半场二对二	1.分组合作学习：教师根据不同学习阶段布置任务，讲解组合动作的要点；如怎样判断行进间传球的提前量？传接球投篮时接球的后续动作应该怎样？学生根据教师的任务要求，在小组长组织下进行探究学习。教师巡视指导及展示分析引导学习。 2.体能练习：采用集体练习，达标评价，教师鼓励提醒并就学生练习情况进行转换练习方法。 3.分组比赛：在比赛中主动摆脱防守跑空位接应进攻。

续 表

课时	学习目标	主要教学内容	教学组织与方法
15	运动能力：了解篮球比赛的基本方法，学会判断防守者的站位，移动寻找空位接应进攻；通过多种体能练习发展学生的灵敏性、上肢力量，通过滑步提高防守移动速度。 健康行为：能积极参与篮球比赛活动，在活动中能够积极主动与同伴进行交流与合作，能适应不同的比赛环境。 体育品德：在篮球比赛中表现出积极面对困难、敢于竞争的体育精神，能遵守规则，尊重同伴，公平竞赛。	1.结构化运动知识和技能：根据防守站位，通过移动获得进攻空间 （1）三角传球跑位 （2）传接球投篮 （3）半场三对二攻防 2.体能 （1）滑步 （2）登山跑 （3）支撑击掌 （4）臀桥 3.比赛或展示 半场三对三	1.分组体验行进间传球跑动及行进间接球投篮，教师巡视指导并引导学生提高传接球速度；通过半场三对三练习采用分组分层探究练习，能够针对防守站位及时跑位及传球转移进攻方向。 2.体能练习采用分组轮换练习，学生互相鼓励；教师巡视指导，鼓励评价。 3.比赛法：在比赛中强化主动跑空位接传球，能通过突破或迅速传接球创设进攻机会。
16—18	运动能力：基本掌握快速传接球形成投篮机会，能够了解防守卡位概念，提高篮板球能力；通过体能练习发展学生的一般体能，提高身体素质。 健康行为：学会组织赛事活动，学会交流、沟通，表现出一定的组织能力和合作能力。 体育品德：通过篮球比赛能了解篮球比赛的角色与责任，展现敢于担当、勇于拼搏的意志品格。	一、篮球公园 1.组建队伍参与篮球公园集体挑战赛；7—8人一组；并推选出队长。 2.工作人员培训。要求没有活动的小组参与各项活动的工作人员，统计其他队伍的完成比赛情况。 3.参与活动 （1）集体投篮比赛 （2）全场合作运传球 （3）两人一组合作运球绕障碍 4.颁奖 最佳表现奖、优秀组合奖、各单项比赛的优胜者 二、篮球比赛 1.参赛形式：一对一 2.初赛：以小组为单位进行单循环比赛	一、篮球公园组织 1.队长组织赛前练习。 2.教师进行工作人员培训，包括场地布置、比赛裁判安排、比赛统计等。 3.比赛组织。 4.邀请家长参与颁奖。 二、篮球比赛组织 教师组织各项赛事编排，并安排好赛事统计人员；每小组推出裁判人员参与比赛临

续 表

课时	学习目标	主要教学内容	教学组织与方法
16—18		3.复赛：各小组斗牛王进行单循环比赛决出全班优胜者，获得MVP称号 4.全班优胜者接受挑战（1球制），优胜者获得"路人王"称号 5.颁奖：MVP、路人王、优秀工作人员	场执裁；每小组组织赛中啦啦队表演；各小组布置复赛的大本营宣传。 邀请家长参与颁奖，对获奖队员给予表彰。

三、水平二篮球运动大单元教学的注意事项

为了提高学生对篮球运动的整体感知，激发学习兴趣，根据水平二学业水平要求，制定大单元教学目标，基于目标要求及学情分析，对教材进行重构，大单元教学设计以四大任务"我与篮球做朋友""人球合一长技能""会与同伴传接分享篮球""篮球比赛展身手"驱动引领学生学习方向，通过九大情境创设让学生能够在真实的情境中进行技能学习，总体表现出学习任务层层递进、学习情境设计相互关联的特点，为学生创设真实有针对性的学、练、赛平台，提高运动技能，形成良好习惯，养成优良品格。根据水平二篮球运动大单元的设计思路，提出如下教学注意事项。

（一）游戏激发学习兴趣

水平二学生天性活泼，刚接触篮球对于控制篮球进行游戏比赛有着较大兴趣，但由于保持专注学习时间较短，须通过多种方法使他们保持学习注意力，让学生体验篮球运动的乐趣，如多种篮球游戏情境能使学生在愉悦、兴奋的体验中习得篮球运动技能。因此，切忌把篮球技术分割学习，使学生产生厌学情绪。

（二）成功体验提高学习自信

激发学生学习兴趣无疑是学生保持持续学习的动力。刚接触篮球运动，学生会遇到很多困难，比如从拍球到学会各种方法运球，从投不到篮圈到投中人生第一次篮，这些都需要学生努力才能够达成。在水平二篮球项目教学中，可以适当调整规则与要求、变换场地、器材的大小与形状等，如降低篮圈的高

度，扩大篮圈，使学生更容易在技能学习中获得成功体验，收获学习的成就感，提高自信心，驱动学生持续学习。

（三）重视规则意识及良好习惯的培养

水平二学生是掌握篮球运动技能，形成良好行为习惯的关键时期。教师在进行技能教学的同时，要关注学生的行为习惯，养成良好的体育品德。如通过篮球游戏培养规则意识，倡导公平竞争，讲究文明礼仪；在每一次的游戏中不断地进行评价与引导，让学生明白游戏或比赛的真正意义在于技能提升、品格培养，而非最后的比赛结果，促进学生养成良好的行为习惯及形成正确的价值观。

（四）精讲多练

水平二的学生虽然注意力有所提升，但一味地模仿练习单一动作，会使多数学生厌学；在教学中，不用过多地强调动作细节，更不能只是单一动作的模仿，必须让学生多体验各种动作之间的联系，多参与篮球运动游戏和比赛等完整活动，以此加深对所学技术的体验和理解，促进技能的提升。因此，精讲多练，让学生通过体验篮球运动、形成对篮球运动的认同，更能促进学生的自我发展。

（五）自主、合作学习促进深度学习

水平二学生处于思维活跃的年龄，学生在学习过程中有很多奇思妙想；要注意在教学过程中引导学生主动思考学练过程中遇到的问题，引导学生自主探究，或者通过小组合作，深入研究学习。如组织小组讨论及探究"如何才能把篮球投进篮圈"，学生在不断尝试中领会影响投篮动作的几大要素：蹬地抬臂、翻腕拨球、瞄准点、出手弧度等，并深入理解如何更好地形成投篮规范动作，提高投篮命中率。通过探究学习引领学生自主学习、合作学习的意识及促进分析问题、解决问题的学科思维能力。

（六）多样化练习促进体能全面发展

根据《义务教育体育与健康课程标准（2022年版）》要求，在课中安排10分钟左右的体能练习。教师应根据学生身心发展规律，从发展学生篮球运动能力的角度出发，合理安排篮球体能学习，使学生从身体素质到技能储备都为篮球运动奠定良好的基础。如：针对发展篮球运动所需腿部力量而设计安排蛙跳、纵跳摸高等跳跃练习；针对发展心肺耐力和速度素质而设计安排折返跑等

练习；针对发展核心力量而设计安排仰卧起坐、俯卧撑等。体能练习必须体现多样性、趣味性、补偿性和整合性，把一般性体能练习与专项体能结合，有效促进篮球运动能力的提高。

（七）灵活组织教学，保证运动负荷

水平二的学生处于正确身体姿势形成的重要时期。因此，很多教师在课堂教学中过于追求学生的技术动作是否规范，而忽视学生力量、协调能力发展等因素而造成的动作不协调、不规范事实，使课堂教学变成重复单个技术动作学习，扼杀了学生的运动兴趣，也降低了学生的有效练习时间。根据《义务教育体育与健康课程标准（2022年版）》，要求每节课群体运动密度不低于75%，个体运动密度不低于50%。教师在实施大单元教学时应充分考虑到学情，采用灵活的教学组织形式，把集体学习与小组合作学习；个人自主学习与小组探究结合；精讲多练，多运用鼓励式评价，采用灵活多样的学习形式，激发学生的学习热情。

（八）做好预防，重视教学安全

《义务教育体育与健康课程标准（2022年版）》以"健康第一"为指导思想，在进行篮球教学中，应根据项目的特点充分考虑安全教学因素，由于篮球运动的对抗性，故需穿运动服装，身上不能携带饰物，定期修剪手指甲等。此外，要加强学生的安全意识，学会做好科学运动前的准备，培养参与运动的规则意识；教学中需要考虑学生间安全的运动空间和活动距离，还应考虑器材、设施以及运动负荷的大小等方面的情况；活动中还需要关注学生的身体反应与动作，尽可能为学生的安全学习提供良好的环境。

四、学习评价

对于水平二学生的学习评价重在学习引导，应更重视学生的过程性评价建立，以鼓励达到为主。根据水平二学业质量要求，灵活运用多样化的评价方式，关注过程性和表现性评价，充分利用现代信息技术优化评价手段和方法，合理运用多方资源了解学生的表现性评价，以运动能力、健康行为、体育品德三个维度的表现为评价依据，落实综合评价，充分发挥评价的诊断、反馈、激励、导向等作用。通过给每一名学生建立成长档案卡，关注他们的成长过程，培养他们的体育核心素养，如表4-3所示。

表4-3　水平二篮球运动大单元学习成长档案卡

序号	运动能力	完成情况	健康行为	完成情况	体育品德	完成情况
1	说出篮球的动作名称；了解比赛的方法。		能够穿戴好合适的运动服装参与活动。		能够遵守课堂常规及游戏规则。	
2	能够行进间运球绕各种障碍。		能够在进行篮球运动前进行热身运动。		篮球展示或比赛中展现出不怕困难的精神。	
3	能够在行进间运球过程中传球给同伴。		能够积极主动参与篮球运动（练习、游戏）。		在学练与比赛中展现出积极进取，敢于挑战自我。	
4	可以在行进间完成投篮。		热情开朗，能够跟别人分享自己的学习体会。		能够表现出与团队的合作精神。	
5	能够在防守下成功传球给同伴。		能够关注同伴，互相鼓励。		能够参与多个角色，并表现出负责任的态度。	
6	可以在一对一的攻防中完成投篮。		能够与不同的同学一起活动与交流。		能够遵守游戏或比赛规则。	
7	可以在一对一的攻防中完成抢篮板球。		完成篮球运动后能够进行拉伸及放松。		比赛中能够尊重他人。	
8	可以参加三对三比赛，并表现出充沛的体能。		每周课余时间能够参与两次以上篮球运动及观赏比赛。		能够正确看待比赛，胜不骄，败不馁。	

说明：对于上表中能够完成的打〇，不能完成的打×。

篮球大单元学习结束后，根据课程标准的学业质量要求进行评价，考虑到水平二学生在个体上存在差异，以鼓励、引导为目标开展大单元学习评价；建立学生篮球运动成长档案卡，收集学生课中课后的篮球参与情况与表现、学习成效与健康行为等信息；以观察、反馈、引导学生，并衡量目标的达成度。篮球运动成长档案卡紧扣着体育学科核心素养，通过不同方式的途径，收集学生在篮球技能、锻炼习惯、适应能力、体育精神、体育品格、体育道德等方面的信息。通过建立档案卡对学生在整个大单元学习情况进行全面评价，以过程性评价及时评价与反馈，有效激发及强化学生的学习兴趣，提高运动能力，促进学生的健康生活习惯及优良品格的形成。

根据水平二评价中各因素对于学生素养形成的重要程度，运动能力是基础、健康行为是持续发展要素，体育品德是保障，故对大单元的学习评价权重如表4–4进行赋分。

表4–4　水平二篮球：大单元评价分值权重表

核心素养	运动能力（60%）			健康行为（20%）	体育品德（20%）
	体能	技战术运用	体育展示与比赛		
分值	20分	30分	10分	20分	20分

五、水平二篮球运动大单元课时计划案例

《义务教育体育与健康课程标准（2022年版）》要求"在学生掌握基本运动技能的基础上，水平二重点关注所学球类运动项目的基础知识与基本技能，把已经掌握的移动性、非移动性和操控性技能在球类运动的游戏情境中运用，通过认知和实践的结合，为后续参与球类运动打下良好基础"。因此，在本课教学中，以"我与篮球做朋友"为主题进行设计，结合学生的年龄特征及对篮球的认知，从完成"认识篮球""带着新伙伴一起玩""与朋友攻克难关"等多项任务，在真实的情境中逐步熟悉球性、学会控制球、运球绕障碍等游戏，激发学生的学习兴趣，并形成良好的运动体验及行为规范。

（一）学情分析

本课授课对象为三年级学生，男22人，女20人，共42人。学生体能经过水平一学习，已有一定的操控器械的运动基础，模仿能力强，对球类运动也表现出浓厚的兴趣。学生表现出自主意识增强，自我管理能力有所提高，学习的集中注意力有所提高；学习过程开始更加重视与他人的交流和合作，愿意与同伴合作完成任务，能够积极参与集体活动，直接表达自己的观点。由于学生多数刚接触篮球，有点畏难情绪，女生由于掌控球能力要弱于男生，畏难情绪更甚。因此，教学中应重点关注学生的学习体验，通过游戏化的情境设置使他们逐步认识篮球、体验篮球运动带来的乐趣；本课以儿化游戏带朋友攻克难关，

希望每一名学生能够把篮球视为朋友，一起学本领、玩游戏、绕障碍，通过师生互相鼓励，一起达成学习任务，为学生进一步学习篮球打下基础。

（二）教材分析

本课的任务是发展学生控球能力，通过创建结构化的学习情境，以问题驱动的学习方式将教学重难点转变成先将目标落实到每一个具体的学练赛评环节中。从球性练习、原地各种运球、行进间运球、直线快速运球，到绕障碍运球，以多种游戏的形式呈现，从准备开始到技能学习、技能展示等环节进行结构化学习，其关联点就是学生在各种环境下的控球能力。做到学、练、赛、评系统化组织，促进学生学以致用，培养篮球意识和基本篮球技能，形成良好的学习习惯，实现能力外化于行，品格内化于心，进而促进体育学科核心素养的培养。

（三）教学目标

详见课时计划具体案例。

（四）教学重难点

详见课时计划具体案例。

（五）水平二课时计划具体案例

表4-5　水平二篮球运动大单元课时计划案例

主题名称	克服障碍完成快速运球	单元课次	5	年级	三年级	人数	42人
学习目标	运动能力：能够基本掌握不同运球方式按拍球部位，行进间运球做到人球合一，能快速推进篮球；通过爆发力、灵敏性及核心力量等多种体能，促进身体素质提高。 健康行为：学会主动地参与篮球运动，并表现出积极态度，乐于参与集体活动并表现出对各种环境的适应性。 体育品德：在篮球学练中能体现克服困难、敢于挑战自我的精神，遵守游戏规则，表现出较强的集体精神。						
主要教学内容	1.结构化运动知识和技能： （1）快速直线运球 （2）手推标志桶运球 （3）绕标志桶运球 （4）小小搬运工比赛 2.拓展练习：弓步跳、十字跳、立定跳远、直臂支撑 3.比赛或展示：推标志桶运球拼图形比赛						

重难点	学生学习	发现不同方向运球按拍球的部位，能够掌握绕障碍运球。				
	教学内容	结构化学练体会直线运球到绕障碍运球的不同，感受两手交替运球的异同。				
	教学组织	采用自主学习与小组合作学习的结合，引导学生沟通与交流。				
	教学方法	讲解示范、游戏法、情境教学法。				

安全保障	检查场地，消除不安全因素，准备活动充分及场地设计合理，学生思想重视及课中有序教学组织。		场地器材	篮球43个，标志桶20个，双折垫10张

课的结构（总时长）	具体教学内容	教与学的方法	组织形式	运动负荷	
				时间（分钟）	强度（次/分钟）
开始部分（或激趣导学）3分钟	课堂常规： 1.体委整队、检查人数 2.师生问好 3.安排见习生 4.宣布本次课学习目标、内容 5.反应游戏：反口令队列练习	教师： 1.宣布课的学习目标、内容及要求，安排见习生。 2.小游戏的规则与动作要求；口令指挥与评价。 学生： 1.体委集合整队，学生精神饱满，集合快、静、齐； 2.根据老师的口令做出反方向动作。	四列横队站立 体委整理队伍	1	80±5
准备部分（或增趣促学）5分钟	篮球操 1.全身绕球 2.持球转体 3.持球蹲起 4.原地往上抛接球 5.原地各种运球 6.运球找朋友	教师： 1.讲解示范，强调学生的动作幅度、力度、完成度，点评学生； 2.提示正确动作的肌肉反应； 3.组织学生进行游戏及点评。	学生四列横队，进行各种动态热身。	4	135±5

续 表

课的结构（总时长）	具体教学内容	教与学的方法	组织形式	运动负荷	
				时间（分钟）	强度（次/分钟）
准备部分（或增趣促学）5分钟		学生： 1.在教师的提示下能够高质量完成动作； 2.在运球中听到老师发出信号能够迅速反应。 评价：在进行篮球操及游戏中能够控制球。	游戏时在规定的区域内进行运球，听到教师的口令要迅速找到相应人数的朋友并手牵手聚在一块儿。		
基本部分（或素养提升）29分	1.结构化运动知识和技能：克服障碍完成快速运球。 （1）快速直线运球 （2）手推标志桶运球 （3）绕标志桶运球 （4）小小搬运工比赛	教师： 1.讲解示范不同方式运球的区别与运用，指导学生分组体验； 2.讲解行进间直线运球按拍球部位，引导学生双手交替学习； 3.鼓励学生挑战难度，手推标志桶同时运球及运球绕过标志桶； 4.巡回指导，关注学生动作完成情况，及时评价引导及鼓励学生。 学生： 1.五至六人一组，分成八组，在小组长的指挥下进行有序练习；	1.分层分组练习，由各小组长在指定区域组织练习。 分组进行向不同方向直线运球及推标志桶往返练习。	10	160±5

课的结构（总时长）	具体教学内容	教与学的方法	组织形式	运动负荷	
				时间（分钟）	强度（次/分钟）
基本部分（或素养提升）29分	2.展示与比赛：推标志桶运球拼图形比赛。	2.能根据教师任务创设不同情境进行学习。 3.在熟练掌握的情况下适当加快运球速度。 评价：能够运用运球快速绕过各种障碍。 教师：讲解示范，说明比赛方法与规则及评价方法，并对公平参与比赛进行要求。 学生：学生听到信号后从边线运球并携带标志桶绕过障碍到对面边线按要求摆放，每人每一次只能携带一个标志桶，直至拼成规定的三角形、正方形等图形。 评价：能够遵守游戏规则，为同学鼓励加油，自己顺利完成运球拼图任务。	各小组结合兴趣创设不同标志桶图形练习，可以携带标志桶体验单手运球。 2.教师统一指挥及并根据各组完成情况进行鼓励与评价。	8	165±5
	3.体能练习： （1）体前屈 （2）十字跳 （3）连续滚翻 （4）直臂支撑	教师：讲解示范体能练习的方法；安全要求及保护措施；引导学生分组练习及轮换。	3.分组轮换练习，由小组长指挥练习。教师巡回指导并鼓励学生努力练习达成目标。	8	165±5

续 表

课的结构（总时长）	具体教学内容	教与学的方法	组织形式	运动负荷	
				时间（分钟）	强度（次/分钟）
基本部分（或素养提升）29分		学生：1.小组长指挥分组学练，根据教师要求时间及动作规格进行练习；2.根据老师提示进行认真练习，每小组完成之后轮换到下一组练习；3.每小组完成一组练习间歇30秒轮转，重复2组。评价：能够认真参与每项体能练习，能达到教师安排的要求与数量。			
结束部分（或放松恢复）3分钟	1.放松活动：手臂、上肢、下肢静态拉伸。2.小结本课：本课任务完成情况，课堂组织纪律情况。3.下课：师生道别，归还器材。	教师：1.讲解示范，语言提示，领做；2.总结，评价本节课完成情况；3.布置课后作业，安排回收器材。学生：1.听音乐放松身心，尽量最大限度地进行拉伸；2.学生学习体验分享，课后进行自我评价；3.完成课后作业，协助回收器材。	♟♟♟♟♟♟ ♟♟♟♟♟♟ ♟♟♟♟♟♟ ♟♟♟♟♟♟ ★ 四列横队站立	1	115±5

115

续 表

预计负荷	平均心率	145 ± 5
	运动密度	80 ± 5
体育家庭作业	观赏投篮集锦，体能练习：深蹲20/组*3，直臂支撑30秒/组*3组，跳绳1分钟/组*3组。	
课后反思		

第三节 水平三篮球运动大单元
教学设计与案例

根据《义务教育体育与健康课程标准（2022年版）》水平三学业要求，学生需掌握篮球运动项目中主要的基本技术和组合动作技术，并运用篮球技战术参与班级内的比赛；通过篮球运动教学能促进学生积极参与课外篮球运动，并形成良好的健康习惯；在篮球运动参与中能够表现出敢于挑战困难的自信，能遵守规则，尊重对手，学会履行自己的职责。水平三篮球运动大单元教学设计对标课程标准要求进行结构化的设计，并根据大单元大概念中所涉及的教学任务展现具体课时计划，以呈现本单元设计的理念与具体实施方案。

一、水平三篮球大单元教学设计

水平三篮球运动大单元教学设计以贯彻落实立德树人为根本任务，以"健康第一"的教育理念为指导思想；基于水平三学生的身心特点及能力基础，以完成水平三的学业要求，促进学生核心素养为目标对篮球教学内容进行重构与设计，落实"教会、勤练、常赛"的要求，注重学、练、赛一体化教学设计。大单元设计以"快速移动创造进攻机会"为主题，围绕着大概念设计"学会利用时间差创造进攻机会""快速转移创造进攻机会""协同合作完成基本攻防""班级比赛展才华"等几大任务，以任务为导向设计各种学习情境，让学生在真实、复杂的情境学习中获得知识与技能，形成良好的健康行为习惯与优良品格，逐步实现单元学习目标。

117

（一）水平三学情分析

1. 身心特点

水平三学生进入了身体快速生长发育的第二个高峰期，骨骼快速生长，心肺功能提升，大肌肉快速增加，动作逐渐准确、灵巧和多样化；部分女生进入青春期，由于月经初潮的到来，引起生理、心理上的变化，开始注意性别的界限。此外，学生的自我评价意识逐步发展，比较崇拜强者。由于学生的独立意识进一步发展，容易产生情绪上的波动，尤其在集体活动或对抗练习中经常会由于意见不合而产生火花，应加以关注及实施疏导。

2. 学习基础

经过前期篮球运动学习，水平三的学生基本掌握球性练习、各种不同的运球方法、简单传接球能力及学会在游戏情境中运用运、传球与投篮的结合；学会篮球的基本知识与简单的裁判规则。经过水平二篮球运动学习，学生基本掌握跑、跳等移动方法，并能够结合篮球运动的移动方式掌握滑步、后退跑、侧身跑等移动技术，针对持球队员掌握一定的防守技能。此外，水平三的学生专注能力得到加强，逻辑思维开始在思维中占优势，创造思维也有很大的发展，学生可以在更加复杂的情境中完成篮球技能的学习与运用，进一步提高篮球运动能力。水平三学习阶段也是学生的良好运动习惯及优良体育品德形成的重要时期；应重视对学生的行为规范引导及鼓励学生敢于挑战自我。

（二）水平三篮球运动大单元设计思路

水平三篮球运动大单元教学设计以"健康第一"的教育理念为指导思想，核心素养为导向，基于课程标准中的水平三学业要求及篮球运动项目特点进行选择教材内容。以"快速移动创造进攻机会"为大单元学习主题，围绕着"学会利用时间差创造进攻机会""快速转移创造进攻机会""协同合作完成基本攻防""班级比赛展才华"等几大任务，把篮球基本知识、基本技能及简单的战术配合进行结构化，形成与主题相关联的教学情境，学生在任务驱动下，能够在真实的情境中探究学习发展能力，如图4-3所示。几大任务的学习分别从培养学生利用个人节奏、方向变化、两人互助，到团队协助等不断提升篮球攻防能力，对于比赛的阅读也从个体转移到局部再到全局。这几大任务分别根据主题概念，选择相关联的教学内容，围绕学习任务创设相关的学习情境，在课时教学中做到学什么、练什么、赛什么。着力于学生篮球技能的提高、理解与运用，在学练及比赛中促进健康行为和锤炼体育品德。此外，单元教学设计根据水平三学生的发展敏感期重点设置每课时体能练习，在发展一般体能的同时也向学生渗透专项体能练习与提高方法，以促进学生篮球专项能力的提高，逐步掌握自我发展规划、锻炼、提高的方法。

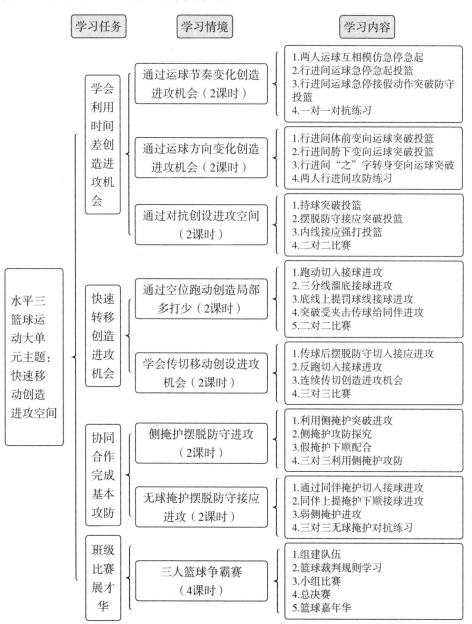

图4-3 水平三篮球运动大单元教学设计框架图

二、水平三篮球运动大单元教学设计案例

表4-6　水平三篮球运动大单元教学设计案例

学习目标	1.运动能力：掌握篮球运动的基本知识，掌握运球、传球、投篮等基本技术及组合动作、个体防守与协防、基本技战术配合，并运用于篮球比赛中；通过篮球运动学练，爆发力、反应速度、上下肢力量等多种体能得到进一步发展；能明确基本技术动作要领，学会欣赏篮球比赛，并对赛事进行简单点评。 2.健康行为：掌握基本的安全运动常识，能形成主动预防的习惯；积极参与体育锻炼，在活动中能够学会控制情绪，主动与他人交流沟通，适应在不同的环境及与不同的同伴活动。 3.体育品德：参与篮球运动表现出自尊自信，敢于承担任务；能遵守比赛规则、尊重他人、公平竞赛；能够理解并正确看待比赛的胜负。
主要教学内容	1.基础知识与基本技能：篮球基本知识，运球与传接球，投篮的不同组合练习，抢、断、打等防守，三对三篮球的裁判规则及相关篮球文化，常见的篮球运动损伤的现场处理方法。 2.技战术运用：突破分球、掩护与传切等基本技战术配合；协防与"关门"等防守配合。 3.体能：发展爆发力、核心力量、上下肢力量、反应速度、速度耐力等体能，增强心肺功能以及提高动作稳定性。 4.展示或比赛：参加篮球游戏、班内的三对三篮球比赛、篮球赛事组织。 5.规则与裁判方法：了解篮球运动的比赛规则和三对三篮球比赛基本裁判方法，并能够承担比赛的临场执裁。 6.观赏与评价：积极参与学校篮球比赛；能够观赏国内篮球比赛，懂得运用所学的技战术对赛事进行点评与分析。

重难点	学生学习	学会通过改变运球节奏、方向或通过快速传球与投篮结合创设进攻机会。
	教学内容	能够根据防守的站位判断发起进攻的方式与时机，选择合适技战术配合发动进攻。
	教学组织	情境学习中自主学习与小组合作学习切换，学、练、赛的组织实施。
	教学方法	采用讲解示范、情境教学法、游戏法、比赛法。

课时	学习目标	主要教学内容	教学组织与方法
1	运动能力：了解篮球基本知识及运动特征；掌握行进间运球急停急起动作及其运用；通过体能练习发	1.结构化知识与技能：利用节奏变化创造突破空间 （1）行进间运球急停急起	1.教师组织集体练习：讲解示范，巡视指导；学生在小组长的指挥下分组练习。 合作练习：怎样在行进间运球快速急停。

续 表

课时	学习目标	主要教学内容	教学组织与方法
1	展反应速度、上下肢力量。 健康行为：了解运动安全知识并做好防范，主动参与篮球运动，并表现出热情开朗，能与他人互动。 体育品德：在篮球运动中表现出敢于拼搏，体现出自尊与自信，能遵守游戏规则，公平竞赛。	（2）相对运球急停模仿 （3）行进间运球急停后加速突破 2.体能 （1）原地碎步加跨步 （2）跨步急停加速 （3）俯卧撑 （4）四方跳 3.比赛或展示：中圈快速反应抢球后一对一攻防	小组探究：行进间急停后怎样获得加速并突破防守队员。 2.小组分组轮换练习：教师讲解动作要求及每个动作的数量；各小组在组长指挥下练习；听到教师的信号后，进行依次轮换练习；教师巡视辅导及评价。 3.学生在两侧边线做快速碎步练习，听到老师信号后，快速跑到中圈抢球，获球权者持球进攻。
2	运动能力：基本掌握行进间运球急停技术，能够结合假动作突破防守创造进攻机会；在篮球运动及练习中发展下肢力量及灵活性，促进学生在比赛中移动速度提高。 健康行为：懂得科学进行锻炼并坚持参与活动，能够适应不同的练习情境，表现出较强的适应能力，不怯场。 体育品德：在参与篮球运动中表现出果敢与勇敢，能够遵守老师提出的要求及游戏规则，做到公平竞赛。	1.结构化知识和技能：通过急停与假动作配合创设进攻空间 （1）原地体验运球虚晃等假动作 （2）行进间运球急停急起 （3）行进间运球急停与假动作配合加速突破 2.体能 保加利亚蹲 绳梯脚步练习 毛毛虫爬行 纵跳摸高 3.比赛或展示：快速抢球一对一攻防	1.学生自主体验练习：教师巡回指导，并对学生进行个别辅导。 学生分组探究学习：如何运用身体假动作结合行进间运球急停时机创造突破防守的空间。 2.分组练习：教师讲解各小组动作的质量及要求每组的次数，巡视指导、个别提醒或辅导学生；各小组长按照老师的要求，根据各小组划分的场地组织练习。 3.分两组在端线，听到信号后，快速争抢小组长抛在三分线外的篮球后进行一对一攻防练习。
3	运动能力：基本了解运球变向的动作原理，能够结合急停动作进行胯下或背后运球等方式加速运球并	1.结构化知识和技能：利用运球变向获得进攻空间	1.教师讲解示范急停胯下运球的动作并说明练习动作要领；集体练习，学生自主练习运球；分组探究练习，小

课时	学习目标	主要教学内容	教学组织与方法
3	形成突破；通过练习发展移动速度、灵敏性及下肢力量。 健康行为：了解篮球运动常见运动损伤，并学会紧急处理；参与活动时能够注意控制自己的情绪。 体育品德：在篮球学练中，能够表现出敢于克服困难、挑战自我的体育精神；体现出自尊与自信；能理解比赛胜负，表现出应有的文明礼仪。	（1）行进间运球急停胯下变向 （2）行进间运球急停胯下变向突破投篮 （3）半场模拟急停变向突破攻防 2.体能 （1）滑步加交叉步 （2）急停加速 （3）直臂支撑横移 （4）两人相对拉手深蹲 3.比赛或展示：绕障碍运球投篮比赛	组长指挥同伴依次练习，并讨论胯下变向与后转身动作的脚步移动方法；教师巡视指导，个别辅导，组织学生展示并评价；分组探究通过不同变向运球方式寻找进攻机会方法。 2.体能练习：教师讲解动作要求及每组数量，巡视指导及个别辅导；小组长指挥队员分别于两条边线及端线与中线练习，听到教师的信号后分组轮换练习。 3.分组比赛：教师讲解游戏规则，学生指挥同伴进行绕障碍运球投篮比赛，争取在规定时间内投中篮次数更多。
4	运动能力：基本掌握篮球比赛规则，能够在快速行进间利用急停变向运球获得突破进攻机会并在比赛中展现出来；以多种方式发展学生的移动灵敏性及上下肢力量，促进行进间运球移动时身体平衡能力发展。 健康行为：了解营养与作息对于健康生活方式的影响，乐观积极参与篮球运动，在练习中能够主动与同伴交流互动，保持情绪稳定。	1.结构化运动知识和技能：行进间运球连续变向获得进攻机会 （1）行进间运球后转身 （2）行进间"之"字运球胯下及后转身变向练习 （3）行进间连续变向接突破投篮 2.体能 （1）攻击步 （2）后滑步与交叉步结合 （3）跳小栏架 （4）两人俯卧撑击掌	1.分组练习：教师讲解示范及巡视指导；学生根据依次进行快速模仿练习，能够做到重心平稳，转身快速。 分组教学：学生根据不同方向的标志桶进行不同方式的运球变向练习；教师根据学生练习情况进行个别辅导及点评引导；教师引导学生观察防守队员的站位进行连续变向造成突破进攻。 2.体能练习：教师讲解每项动作的质量要求与数量；小组长指挥各小组同学在各练习场地练习；教师巡视指导及组织轮换。

续　表

课时	学习目标	主要教学内容	教学组织与方法
4	体育品德：通过篮球学练与比赛，表现出敢于接受挑战；体现自尊与自信；能遵守比赛规则，公平竞赛。	3.比赛或展示：一对一	3.分组比赛：教师讲解比赛规则，并巡视指导；各小组由组长组织练习，并安排相关裁判人员临场执裁。
5	运动能力：基本掌握篮球的合理对抗知识，掌握多种的进攻方式，能够通过身体对抗创造进攻空间；通过多种练习方法发展上肢力量及核心力量等多种体能，提高无球移动能力。 健康行为：自觉坚持参与篮球运动，并表现出积极向上态度，乐于与他人沟通交流，并能够表现出对各种环境的适应性。 体育品德：在篮球学练中能迎难而上，奋勇拼搏，能够信任同伴，遵守比赛规则，表现出较强的集体精神。	1.结构化运动知识和技能：能够利用身体对抗制造进攻空间 （1）持球突破投篮 （2）摆脱防守接球突破投篮 （3）二对一摆脱接球攻防练习 2.体能 （1）波比跳 （2）熊爬 （3）三角滑步 （4）俯卧撑 3.比赛或展示 二对二攻防练习	1.分组练习：教师进行持球突破讲解示范、引导学生根据自己的特点尝试通过节奏、假动作等进行突破对抗练习；巡视指导，针对学生的学习情况组织学生展示与评价；学生按照教师的要求分组练习，由小组长组织练习，能够组织同伴就摆脱接应、突破时身体卡位等关键点进行讨论。 2.体能练习：采用小组轮换练习；教师讲解和布置各动作的质量要求及数量；小组长组织练习，并组织相互评价；教师巡视指导，并对学生完成动作进行评价。 3.分组比赛：教师讲解比赛方法与规则，小组长指挥练习，并安排组内成员轮流担任裁判，完成一次进攻换防。
6	运动能力：能够掌握合理对抗要点，利用运球、身体对抗等技术在内线创造进攻空间并完成投篮；通过多种体能练习，发展学生核心力量、下肢力量及灵敏性，提高篮球无球移动能力。	1.结构化运动知识和技能：能够在内线利用身体对抗发动进攻 （1）持球突破与投篮 （2）内线接球后转身投篮 （3）内线接球对抗投篮	1.分组练习：教师讲解内线强攻的动作要领和动作的技术要点，并进行示范；巡回指导，组织学生讨论如何运用假动作、身体对抗在内线进攻中创设有效的进攻空间。学生分组探究如何运用假动作与脚步结合在对抗中获得更好的投篮机会。

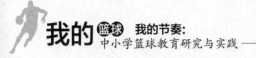

课时	学习目标	主要教学内容	教学组织与方法
6	健康行为：自觉主动地参与篮球运动，通过篮球学练，学会面对挫折时能够调控好自己情绪，保持良好的心态。 体育品德：在练习与比赛中学会克服困难，表现出对自己篮球技能掌握的自信，能够鼓励同伴，在集体投篮比赛中表现出为集体争光的荣誉感。	2.体能 （1）臀桥 （2）敏捷梯脚步练习 （3）跳小栏架 （4）三角滑步 3.比赛或展示 集体投篮比赛	2.体能练习：采用分组轮换练习。教师讲解每种体能练习的方法与任务要求，并进行巡视指导；各组学生在小组长指挥下进行轮换练习。 3.分组比赛：教师讲解投篮比赛规则，跑动路线（篮球两侧接球交叉跑位接球投篮）及投篮统计方法；小组长组织学生参加比赛；分析及评价。
7	运动能力：能够观察防守站位选择跑位，基本掌握行进间接球与投篮结合的技术；通过多种方式练习提高学生的反应速度、灵敏性及柔韧性，提高行进间接球与投篮衔接的稳定性。 健康行为：了解饮食对健康生活的影响；能主动参与篮球运动并体现出积极向上、乐观开朗的精神风貌；能够适应与不同的伙伴合作。 体育品德：在比赛中能够迎难而上，表现出自信与担当，能够遵守比赛规则，正确理解比赛胜负。	1.结构化运动知识和技能：判断防守站位跑空位接应投篮 （1）快速切入接应投篮 （2）从两翼溜底线接球投篮 （3）对抗下快速切入或溜底接应进攻 2.体能 （1）体前屈 （2）十字跳 （3）俯卧撑 （4）各种反应跑 3.比赛或展示 半场二对二比赛	1.分组练习：教师讲解示范接球急停衔接投篮的技术动作、巡视学生练习并指导；小组长根据教师要求组织练习，共同探究如何做到无球跑动与传球的结合，并迅速调整身体姿态，做好接球进攻动作。 2.体能练习：采用分组轮换练习，教师讲解动作要求及完成次数，巡视指导，检查完成质量。小组长指挥练习，并按照老师的要求组织轮换。 3.游戏法：教师讲解比赛的规则与方法，学生进行对抗练习，采用一球轮换，轮空小组担任裁判工作。
8	运动能力：能够观察防守的移动并提前做出判断，把球传给空位的同伴发动进攻；通过体能练习发展学生核心力量及协调能力，提高身体对抗能力。	1.结构化运动知识和技能：判断防守在夹击情况下能够传球给同伴进攻 （1）底线上提到罚球线接应投篮	1.分组练习：教师讲解示范接应传球方法；引导学生观察防守移动并做出选择进攻或传球的决策。巡视指导，辅助学生练习，并组织学生展示与评价引导；学生在小

续 表

课时	学习目标	主要教学内容	教学组织与方法
8	健康行为：了解安全运动知识，能够科学参与锻炼，在篮球比赛中能够注意到控制自己的情绪，理解同伴的失误并为他鼓励。 体育品德：在篮球比赛体现出奋勇争先的精神；能遵守比赛规则，公平竞赛。	（2）罚球线受包夹传球给同伴进攻 （3）外线持球突破受到包夹防守传球给同伴进攻 2.体能 （1）臀桥 （2）各种翻滚 （3）平板支撑 （4）跳障碍 3.比赛或展示 半场三对三比赛	组长的组织下探究学习。探究不同位置受到对手包夹处理球的方法。 2.体能练习：采用分组轮换练习，教师讲解及对动作完成组数、次数进行要求；小组长组织练习，互相鼓励。 3.分组比赛：教师讲解比赛规则，小组长组织进行组内比赛，体会罚球线接应攻防练习。
9	运动能力：基本掌握行进间传接球的技术，能够观察同伴的跑位并及时传球给切入同学发动进攻；通过篮球学练发展学生柔韧性、灵敏性及各种无球移动能力，促进心肺功能提高。 健康行为：了解运动安全知识，能主动地参与篮球运动，面对学习与比赛中遇到的挫折，能够保持较稳定的情绪。 体育品德：在篮球练习与比赛中表现出果敢与拼搏的精神；能够在团队合作中表现出责任与担当。	1.结构化运动知识和技能：利用传切配合创造进攻机会 （1）中路传球摆脱防守切入接应投篮 （2）利用反跑切入接应投篮 （3）对抗模拟不同位置的传切配合 2.体能 （1）绳梯脚步练习 （2）冲刺跑与后退跑 （3）肩关节柔韧练习 （4）大腿拉伸 3.比赛或展示 三对三半场攻防	1.集体模仿练习：教师讲解传切配合的重难点，强调跑动切入迅速、传球隐蔽快速；小组长指挥练习，探究根据防守队员的移动选择切入或者是反跑；教师巡视指导、辅导及组织学生展示，评价引导。 2.体能练习：教师讲解总体的动作要求及每组完成的数量；小组长按教师安排的练习场地进行分组练习，教师巡视指导，根据每组学生的练习情况组织轮换。 3.比赛法：教师讲解比赛要求及特殊规定，运用传切配合发动进攻得分双计。
10	运动能力：了解传切配合的基本要点，能够连续进行传切跑位，打乱对方防守，创造进攻机会；通过多种方式练习发展学生的	1.结构化运动知识和技能：利用连续传切创造进攻机会 （1）不同方式的摆脱切入练习	1.分组探究练习：教师讲解传切的时机与要点；小组长组织探究练习，如何根据防守队员的移动通过迅速传球与切入制造进攻空间。教师

课时	学习目标	主要教学内容	教学组织与方法
10	灵敏性、柔韧性及篮球专项移动能力。 健康行为：了解睡眠对于身体健康的影响，能形成规律作息；通过活动提高对各种竞争环境的适应能力。 体育品德：能够在篮球比赛中体现出不怕困难的精神，遵守规则，尊重对手，比赛中能表现出文明礼仪的行为。	（2）切入急停接应投篮或突破投篮 （3）连续传切进攻 2.体能 （1）后滑步 （2）原地快速碎步接攻击步 （3）两人俯卧击掌 （4）体前屈 3.比赛或展示 三对三半场攻防	巡视指导，对各小组练习具体情况进行讲评。 2.练习法：采用分组轮换练习，教师讲解体能动作的要点及要求，由小组长组织练习，教师巡视指导，根据学生的练习情况评价、鼓励，并组织轮换。 3.比赛法：采用分组练习，教师巡视指导、现场分析学生的技战术运用。
11	运动能力：知道掩护配合的基本要点及相关的裁判规则，基本掌握侧掩护的规范动作，给同伴进攻创造空间；通过多种练习方法发展学生上、下肢力量，提高篮球专项移动能力。 健康行为：积极参与篮球运动，在练习中表现出乐观开朗，能够与他人进行较好的沟通。 体育品德：在篮球比赛中体现出不畏强手、敢于拼搏的精神，能遵守比赛规则，尊重对手，形成公平参与比赛的良好品德。	1.结构化运动知识和技能：能够给同伴掩护创造进攻机会 （1）模拟掩护练习 （2）掩护下运球突破投篮或急停投篮 （3）二对二模拟攻防 2.体能 （1）两人背身齐滑步 （2）跳小栏架 （3）纵跳摸高 （4）俯卧击掌 3.比赛或展示 三对三半场攻防	1.分组合作练习：教师讲解侧掩护的规范动作及相关裁判规则，让学生与假动作结合进行侧掩护；学生分组探究怎样才能够更好地为同伴做掩护，创造进攻机会；教师巡视指导；对学生的练习情况进行评价与引导。 2.体能练习：采用分组练习，教师讲解相关动作的要求与完成数量；骨干学生组织练习，教师根据练习情况进行鼓励与指导。 3.比赛法：教师讲解比赛规则及轮换方法，组长指挥练习，并组织轮空学生担任裁判工作。
12	运动能力：掌握侧掩护的技术动作及要领，能够根据防守的移动选择掩护时机及后续进攻方式；通过多种不同方式练习发展学生的柔韧性、下肢力量及	1.结构化运动知识和技能：能够根据防守移动进行侧掩护运用探究 （1）侧掩护突破投篮 （2）假掩护切入接应投篮	1.小组合作练习：通过同伴掩护突破投篮；教师讲解示范并能分析掩护时机与突破路线选择。小组长指挥分组练习。

续 表

课时	学习目标	主要教学内容	教学组织与方法
12	速度耐力，促进心肺功能提高。 健康行为：掌握科学的体育锻炼方法，学会做好运动防护；在篮球练习遇到困难与挫折时能够积极调整自我情绪，保持积极的心态。 体育品德：在篮球比赛中能迎难而上，体现出自信，遵守比赛规则，公平竞赛，具有团队精神。	（3）侧掩护攻防模拟练习 2.体能 （1）侧桥 （2）横劈叉 （3）连续蛙跳 （4）折返跑 3.比赛或展示 三对三攻防练习	小组探究学习：教师引导学生根据真实情境下防守队员的移动路线，研究掩护后续进攻。小组探究学习掩护后下顺接应进攻配合。 2.体能练习：采用分组轮换练习，教师讲解练习的要求及具体数量，小组长指挥练习，教师巡视指导。 3.比赛法：组内轮换攻防，能够运用掩护配合发动进攻。
13	运动能力：学会通过同伴的掩护摆脱防守球员并发起进攻；通过多种方式练习发展学生上下肢力量，提高对抗时技术动作的稳定性。 健康行为：乐于参与体育锻炼，能够把学到的健康知识运用于日常生活；在参与活动中促进交流与合作能力提升。 体育品德：在比赛中表现出不怕困难、敢于挑战的意志品质，能按照比赛规则参与活动，公平竞赛，能正确对待比赛胜负。	1.结构化运动知识和技能：通过同伴掩护接应球并发动进攻 （1）掩护投篮练习 （2）外线反掩护练习 （3）外线掩护模拟对抗练习 2.体能 （1）俯卧撑 （2）抗阻滑步 （3）抗阻冲刺跑 （4）登山跑 3.比赛或展示 三对三比赛	1.分组合作学习：教师讲解各种掩护投篮方式，提出练习要求，掩护者跟进抢篮板球；学生在小组长的指挥下进行合作练习。 小组探究学习：教师引导学生利用无球掩护摆脱防守接应球发动进攻。小组探究掩护时机及接球后根据防守位置选择进攻方式。 2.体能练习采用分组练习，教师讲解动作要求与任务；小组长组织练习；教师巡视及鼓励学生完成好动作，组织轮换。 3.分组比赛：教师讲解比赛规则，鼓励学生根据学过的技术动作进行攻防练习。
14	运动能力：基本掌握不同位置掩护配合及跑位，能够根据防守队员的站位选择掩护方式；通过多种方式练习发展核心力量、灵	1.结构化运动知识和技能：能够通过内外线、强弱侧的无球掩护的创设进攻	1.分组合作学习：教师根据掩护防守的变化讲解后续进攻方式。学生根据不同位置、强弱侧的具体防守情况，探究使用不同的掩护方

续 表

课时	学习目标	主要教学内容	教学组织与方法
14	敏度，促进篮球专项移动能力。 健康行为：能积极参与篮球学练，并主动与同伴交流，比赛或练习中遇到挫折能保持稳定情绪及良好的心态。 体育品德：在篮球比赛中体现出不怕困难、敢于挑战自我的精神，能尊重对手，遵守篮球比赛的规则，具有较强的团队精神与集体意识。	（1）掩护接球后传给下顺的掩护者投篮 （2）内外线掩护探究练习 （3）强弱侧掩护的探究练习 （4）模拟攻防 2.体能 （1）俄罗斯转体 （2）臀桥 （3）滚翻练习 （4）连续跳障碍 3.比赛或展示： 半场三对三攻防	式发动进攻。教师巡视指导及对具体的案例进行分析，引导学生学习。 2.体能练习：采用集体练习，教师根据各动作的质量做出要求及布置任务，统一组织学习及指挥轮换练习。 3.分组比赛：在比赛中能够加强沟通，利用掩护创造进攻机会。
15—18	运动能力：基本掌握篮球比赛知识及临场裁判；能够阅读比赛，观察防守站位，选择技战术快速移动，创造进攻机会，懂得针对不同进攻组织防守，通过体能练习发展学生一般体能与专项体能，提高身体对抗能力。 健康行为：积极参与赛事活动，表现出阳光开朗，乐于接受各种比赛任务；比赛中能够与他人沟通与交流，保持比较稳定的情绪对待赛事活动。	一、校园三人篮球争霸赛 1.基于实力均等，男女混搭原则，组建队伍，参与三人篮球争霸赛；5—6人一组；并推选出队长。 2.篮球裁判及工作人员业务培训。 3.参与赛季前活动。 （1）赛前训练 （2）球队的队旗与口号 （3）热身赛及裁判、工作人员岗位培训 二、篮球比赛 1.比赛规则：采用三人篮球比赛规则。 2.比赛方法： （1）每场比赛时长为8分钟，所有的队员除担	1.推举队长。队长按照班里同学的能力水平，从各层次同学中选取4—5名男女同学组建队伍。 2.线上线下结合，集中培训篮球裁判及各项比赛工作人员。 3.赛前准备各项工作由各队长统筹安排，队长组织赛前训练。 4.赛前编排：按抽签序号进行蛇形排序。 第一轮：1对4，2对3 第二轮：1对3，2对4 第三轮：1对2，3对4 5.每组每轮选派一名裁判到其他小组的赛事担任临场裁判及工作人员。 6.赛事统计及摄影，由该轮次轮空队伍负责。

续 表

课时	学习目标	主要教学内容	教学组织与方法
15—18	体育品德：通过篮球比赛能了解篮球比赛的角色与责任，展现敢于担当、勇于拼搏的体育精神；活动中能遵守比赛规则，公平竞赛；正确对待比赛胜负。	任裁判工作球员外上场时间不少于4分钟。 （2）小组赛进行单循环比赛。 （3）第二阶段比赛为小组前二队伍进入第一小组进行单循环比赛决出前四名；其余队伍进入第二小组，进行单循环比赛，决出名次。 三、颁奖 （1）获得比赛前三名的队伍。 （2）人气最高篮球选手。 （3）优秀裁判及工作人员。 （4）最佳阵容。	7.邀请家长参与各项赛事的颁奖。

三、水平三篮球运动大单元教学的注意事项

《义务教育体育与健康课程标准（2022年版）》指出：体育与健康课程根据体育学习实践性和健康教育实用性的特点，强调'以知识与技能为本'向'以学生发展为本'转变。倡导教师的讲解示范与学生的自主学习、合作学习、探究学习有机结合，集体学练、小组学习、个人自主学习有机结合，创设"学、练、赛"一体化教学，让学生体验运动乐趣，激发学习热情。根据水平三学生的身心特点与学情，水平三以"快速移动创造进攻机会"为主题进行大单元的结构化设计，以任务驱动学习，使学生体验、了解篮球运动的特点，在真实的情境中进一步提高篮球技能及形成健康的行为习惯与优良的体育品质。根据学习学业要求及单元设计的理念，对教学提出以下注意事项。

（一）结构化知识与技能关联点的理解及延伸教学

篮球大单元教学设计与以往教学设计的最大区别在于整个单元基于大主题下，通过大任务进行关联学习，有别于过往的单一技术教学，使学生通过18或

以上课时学习后能掌握相应的运动技能。水平三篮球运动大单元教学"学会利用时间差创造进攻机会"中分别通过运球节奏变化、运球方向变化、身体对抗创造攻防两方面的"时间差"而获得进攻机会。在进行教学时应把握主要的关联点"时间差"作为小单元的主线进行串联教学，使学生在真实的情境中通过相关的练习提高对篮球运动"时间差"概念的理解与运用，促进运动能力的提升。

（二）"学、练、赛"一体化教学与评价促进

课程标准加强指导性，注重"教—学—评"一致性，明确"为什么教""教什么""教到什么程度"，强化"怎么教"的具体指导，《义务教育体育与健康课程标准（2022年版）》提出落实"教会、勤练、常赛"的课程理念，注重"学、练、赛"一体化教学。在篮球大单元教学设计中，根据学习任务，以相关联的运动技能为学习内容，通过技能学习、技能运用、模拟情境、真实比赛等多个环节创设"学、练、赛"的学习情境，力图使学生的核心素养在真实的情境中得到发展。因此，在教学过程中，教师应根据每项具体教学环境设置简单的评价环节，引导学生学会自我评价、相互评价，以评促学，促进学习目标达成。

（三）以任务为驱动，促进小组探究学习

大单元教学以问题为导向，鼓励学生主动发现问题、解决问题和思考问题。水平三篮球运动大单元教学设计以任务为驱动，通过具体教学情境创设问题，学生在分析问题、解决问题中促进运动能力技能、批判性思维及创新能力的提高。如"协同合作完成基本攻防"大任务学习中，改变以往老师一上来就讲解动作、示范，而是让学生带着问题进行小组合作去思考去体验，共同解决如何利用掩护从摆脱防守到发动进攻，掩护配合中如何观察防守队员的移动选择后续的进攻方式。通过一系列问题使学生对技战术配合的概念更加清晰，也能充分促进学生的全局观形成，拓展思维方式。

（四）注重教学方式改进，促进学生全面发展

大单元教学设计将零散的教学内容进行重构，使教学目标更为具体，课堂教学中学生的学习活动之间的联系更为紧密。因此，教学方法也要多样化，除了讲解示范等传统教学方式外，应注重学生的自主参与和合作学习，鼓励学生通过小组探究、思考、交流等多种方式开展学习。如在引进运动教育模式中，可以让学生通过线上线下的学习结合，提前了解各工作岗位的职责与技能，在实战中进行检验，使学生能够适应多个角色的工作，如临场裁判、统计数据、宣传摄影、团队表演等，通过活动开展使学生的核心素养得到提升。

（五）关注学生的健康行为形成，重视过程性评价

在评价方式上，提倡教学评价的多元化，通过对个体的纵向评价、激励评价、强化过程性的评价，以及各种适合水平三学生的学业水平的考评结合，激发他们的学习积极性。相对于过去一般采用终结性评价作为唯一手段，《义务教育体育与健康课程标准（2022年版）》标准更注重学生的健康形成，评价的思路更加开阔，不单单是对一些学习成果上的评价，也要对学习的态度以及学生不同程度上的进步进行评价，尤其是课内外的联系，把学生掌握的健康知识与日常行为结合；多鼓励学生，提高学生的自信心，让学生们感受到运动带来的快乐和成就感，能够把对学生的评价延伸至课后，对于学生健康作息、饮食及锻炼习惯等进行引导性评价，有助于提高学生对体育活动的兴趣，培养学生终身进行体育锻炼的良好习惯。

（六）德育渗透，锤炼学生体育品德

篮球运动教学对学生的体育锻炼形成有较大影响，篮球运动的教学过程中，学生的频繁互动、对抗、团队配合、关键时刻的个人展示等对学生的道德品质和价值观念会产生巨大且持久的影响。因为篮球是一项集体运动，强调团队合作和协作，学生要学会互相帮助、配合、沟通和信任队友，在篮球运动中学生只有展现出团队合作精神，才能在团队中发挥自己的力量和作用；篮球比赛要求学生有良好的自律能力，能够遵守规则、执行教练的要求，才能够形成战斗力，学生需要学会克服困难、面对挑战，并且相信自己能够克服困难，获得成功的自信；在篮球比赛中，要求学生展现出健康的竞争精神，尊重对手、公平竞争、不作弊等行为，对学生的行为规范会产生持久的影响。因此，在篮球教学中要关注学生的个人成长，培养他们的责任感、毅力、坚韧不拔等品质。通过设定目标、制订计划、持之以恒地进行训练，激发学生的潜力，可以使学生在篮球大单元的学习中不仅获得技能的提升，还能够培养身心健康和道德品质。

（七）重视多样体能学练，促进一般性体能与专项体能结合

篮球运动需要各方面的体能做支撑，良好的体能不仅能让学生在球场上更好地发挥自身技术，还可以使学生在训练和比赛中，做好自我防护，从而减少

伤病发生，增强运动表现。在课后的体能学练中要根据实际情况进行针对性、补偿性的练习，从而促进学生体能全面发展。水平三的学生需认识到篮球专项体能对于运动能力的提升，能够学习专项体能的锻炼方法，并学会自我规划发展。

四、水平三篮球运动大单元教学评价

篮球运动除了体育具有的共同的育人价值和能力要求外，在激发学生运动兴趣，提高学生反应能力、预判能力、决策能力，培养学生优良体育品德有独特的育人功能，同时能够培养学生的协助能力及集体精神。水平三篮球运动大单元教学设计基于"快速移动创造进攻机会"学习主题，根据水平三的学业要求，学生能够掌握篮球的基本技术和组合动作技术并运用于班级教学比赛中；能够参与体育锻炼，学会调控情绪等健康行为；懂得关注同伴，遵守规则，正确看待比赛结果。为全面反映学生学习过程所取得的进步，采用过程性评价与终结性评价相结合，采用自评及教师评价结合，公平地对学生的学习状况进行反馈并提出建议。

（一）水平三篮球运动大单元过程性评价

水平三的学生经过前期的学习，掌握有一定的篮球知识与技能，体能尤其是柔韧性、反应能力等得到一定发展，学生的思维能力及思辨能力得到提高，形成一定的自主学习能力，能够分析自己的篮球运动技能提高的影响因素；故在评价时根据学业要求及学生的认知制定过程评价表格，从学生参与篮球运动中体现出来的运动能力、健康行为、体育品德等几个方面的具体表现进行评价设置，有利于指导学生自主学习及全面了解自己的学习状况，如表4-7所示。

表4-7 水平三篮球运动过程性评价

序号	运动能力表现	完成情况	健康行为	完成情况	体育品德	完成情况
1	能够通过行进间运球形成突破。		懂得合理膳食及规律作息。		能够遵守比赛规则。	
2	能够在行进间运球受夹击时传球给同伴。		懂得篮球运动常见的损伤预防及简易的现场处理方法。		篮球运动中展示出迎难而上、勇于拼搏的精神。	
3	可以在行进间完成不同方式的投篮。		能够协助组织学校篮球运动或课堂练习、比赛。		在学练与比赛中展现出自信与果敢。	

续 表

序号	运动能力表现	完成情况	健康行为	完成情况	体育品德	完成情况
4	学练或比赛中能够协助同伴防守。		在参与练习或比赛受到挫折时，能够调节自己的情绪。		能够表现出团队精神与合作意识。	
5	学会卡位抢篮板球。		在参与篮球运动时，能够理解同伴并互相鼓励。		能够积极参与比赛，公平竞赛。	
6	学会掩护等基本战术攻防。		能够积极参与班里及学校的篮球比赛。		能够尊重裁判，尊重对手。	
7	基本掌握三人篮球裁判规则，并参与裁判工作。		每学期观赏篮球比赛次数不少于8次。		比赛中体现出文明与礼仪。	
8	可以参加三对三比赛，并表现出充沛体能。		每周能够在课余时间参与3次以上篮球运动。		能够理解并接受比赛的结果。	

说明：在参与的篮球运动中，上表所述情况能够达成的打○，不能完成的打×。

对水平三学生的学习评价，既要关注学生对篮球结构化知识与技能的理解与掌握，更要关注他们在学习过程中健康行为的养成和体育品德形成状况；既要关注学生篮球的技能掌握情况，更要关注他们在学习过程中的行为与个人品质的变化与发展，诊断学生存在的问题，鼓励并引导学生进一步提升自我，在学习过程中培养他们的核心素养。

（二）终结性评价

体育与健康学习评价的主要目的是对学生的体育与健康行为进行观察、诊断、反馈、引导和激励，并衡量单元学习目标的达成度，包括对学生的学习和发展过程的评价，也对学生在活动中展现出来的表现进行评价。因此，在评价设置中既要有过程性评价，也要有能够展现学生关键能力的终结性评价。水平三篮球运动大单元的学习评价根据大单元的学习任务，按照篮球项目的特点，以学生在篮球比赛中的技能表现、行为、品德等方面展现出来的状况设立评价要素，为学生在关键比赛中的表现进行客观呈现，并依据表现进行学习评价，以促进学生核心素养的提升。

1. 采用评价方式

三对三比赛。

（1）采用比赛场地及器材。

二分之一标准篮球场；采用5号球。

（2）评价方法。

设1名教师、3名学生监考员，依据评价要素对学生在比赛中表现出来的具体情况进行评分。

（3）评价要素。

篮球基本知识、辨别犯规、违例动作；比赛过程中每个队员要完成传接球（双手或击地）、运球、投篮、抢篮板、防守等技术动作和突分球、侧掩护、协防、"关门"等技战术配合；有参加篮球比赛的体能；参与课内外篮球运动的积极性，情绪调控能力、交往与合作能力、环境适应能力；迎难而上、抗挫折能力，遵守篮球比赛规则，尊重裁判、尊重同伴、尊重对手，公平竞争意识、集体精神、对待比赛结果的态度。

（4）展示与比赛评价。

为了促进学生篮球技能的发展，引导学生运用所学篮球知识与技能解决实际比赛中遇到的问题，促使学生更积极地参与篮球运动，水平三篮球运动大单元的学习评价紧扣核心素养，以三对三比赛中的学生在运动能力、健康行为、体育品德三方面的具体表现为评分依据，具体如表4-8所示。

表4-8　水平三篮球运动大单元教学综合评价

等级/分数	评价要素		
	运动能力	健康行为	体育品德
优秀85—100分	熟练完成双手胸前传球、双手胸前投篮或单手肩上投篮、行进间各种运球、抢篮板球、抢断球等技术及技术组合，以及防守技术动作；突分、掩护、"关门"等攻防战术配合；能够担任裁判工作，每学期观看篮球比赛次数不少于10次，比赛中体能充沛、反应灵敏等具体表现中的8个要素。	积极参与篮球运动，能够自觉做好准备活动，遇到挫折或冲撞时能够保持情绪稳定，主动与他人交流并能够相互鼓励；有良好的合作能力和较强的适应能力。	比赛中表现出面对挫折敢于迎难而上；能严格遵守规则，尊重裁判，尊重同伴，尊重对手，公平竞争；表现出勇于担当，具有集体荣誉感与团队精神，能够理解并正确看待比赛的胜负。

等级/分数	评价要素		
	运动能力	健康行为	体育品德
良好 75—84分	在比赛中能够较好完成传球、运球、投篮、防守、抢篮板球等技术动作及技术组合，侧掩护、协防等基本攻防战术配合，能够参与篮球裁判工作，每学期观看篮球比赛次数不少于9次，比赛中体能较好、反应比较快等行为中的6个要素。	主动参与篮球比赛，遇到挫折时基本能够保持情绪稳定，遇到问题能跟同伴及对手进行交流沟通；体现出一定的合作能力，对于比赛环境有较好的适应能力。	比赛中表现出不怕困难，具有一定的抗挫折能力；有公平竞赛意识，能遵守规则；能尊重裁判，尊重同伴，表现出乐于与人合作、较强的团队意识和胜不骄败不馁。
合格 60—74分	比赛中基本完成传球、运球、投篮、防守、抢篮板球等技术动作及掩护、协防等基本配合，敢于参加篮球裁判工作，每学期观看篮球比赛次数不少于8次，比赛中动作协调、反应较快等具体表现中的4个要素。	能够参与篮球比赛，每周能够参与最少一次的课外篮球运动；篮球比赛时基本能够保持情绪稳定，可以与同伴交流沟通；对于比赛的对抗等不产生抗拒。	敢于参加比赛，能够应对困难不退缩；具有一定的规则意识，能尊重裁判，尊重同伴、尊重对手，能够与同伴配合，表现出一定的团队意识，对于比赛结果没有过激反应。

（5）综合评价。

学习评价的目的是对学生的学习行为观察、诊断、反馈、引导与激励。根据水平三的学业要求，篮球运动大单元的终结性评价以提升运动能力、规范基本技术、初步形成技战术配合以及形成良好健康行为、养成体育品德为引导目标，各相关要素占比如表4-9：运动能力占比60%，包含体能、技术运用、技战术配合；健康行为占比20%，包括学生的参与、情绪、交流及适应性；体育品德占比20%，包括体育精神、体育品格、体育道德三方面。期望以评促教，促进学生全面发展。

表4-9　水平三篮球：大单元终结性分值权重表

核心素养	运动能力（60%）			健康行为（20%）	体育品德（20%）
	体能	技术运用	技战术配合		
分值	20分	20分	20分	20分	20分

五、课时计划具体案例与分析

本课以《义务教育体育与健康课程标准（2022年版）》精神为依据，贯彻落实立德树人的根本任务，坚持"健康第一"的课程理念，以学生全面发展为中心，培养学生的核心素养为目标，以"快速移动创造进攻机会"为主题对相关联的篮球知识与技能进行重构。在水平学业质量要求下以"快速转移篮球创造进攻机会"为任务，对篮球知识、行进间传接球、行进间投篮、传切配合等知识与技能进行结构化整理，使学生的运动技能在真实比赛情境练习中得到提升，在学习过程中形成健康行为及培养优良的体育品质。

（一）教材分析

篮球传球与投篮的结合，使篮球在比赛中可以实现快速转移并迅速形成进攻，极具观赏性，根据场上防守队员的移动恰到好处地妙传往往也体现出传球者的观察、预判及创新能力。通过传球可以快速摆脱对手的防守，给跑空位的同伴创设进攻机会，加强团队合作意识，传球连接团队合作，是篮球比赛重要的技术之一。本课时设计通过复习行进间运球投篮、传接球投篮，到通过跑位进行多打少练习进行结构化设计，促进学生强化团队配合，逐步让学生在真实的情境中提升传球技能，完成快速转移篮球创造进攻机会的学习任务。

（二）学情分析

本次课的授课对象为：六年级学生，男生22名，女生20名，共计42名学生。他们正处于身体发育的关键时期，逻辑思维能力得到较大提升，学习能力强、反应快、模仿能力强、好胜心强；六年级的学生自我意识逐渐增强，希望能够独立完成任务，勇于克服困难，是心理认知及运动技能、技战术形成的重点时期。经过水平二篮球学习，基本掌握篮球的运球、传球、投篮等基本技能，学会在简单的比赛情境中处理球的综合能力。因此，在学练中多注意引导学生发现自己的问题，并主动寻求解决问题的办法。

（三）教学目标

详见课时计划具体案例。

（四）教学重难点

详见课时计划具体案例。

（五）课时计划案例设计

表4-10 学会传切移动创设进攻机会的课时计划

主题名称	学会传切移动创设进攻机会	单元课次	10	年级	6年级	人数	42人

学习目标	1.运动能力：掌握传球基本知识，能够快速准确传球给切入的同伴创造进攻机会，形成基本的战术意识；通过多种练习方式发展上肢力量及核心力量，提高对抗时动作技能稳定性。 2.健康行为：积极参与活动，比赛中理解同伴的行为，遇到学习困难能够积极进行沟通与交流，在与对手发生身体对抗后能较好地控制情绪。 3.体育品德：在篮球比赛中，敢于挑战困难，体现出自信，能够信任及尊重同伴，正确理解比赛的胜负，表现出较好的文明礼仪。

主要教学内容	1.结构化运动知识和技能：（1）行进间各种运球投篮；（2）摆脱接应投篮；（3）三对二攻防。 2.拓展练习：（1）臀桥；（2）螃蟹爬行；（3）波比跳；（4）俯卧撑。 3.比赛或展示：半场三对三。

重难点	学生学习	在对抗中学会运用运球、接球与投篮技术结合。
	教学内容	能够阅读比赛情况选择恰当方式快速传球给同伴，创造机会进攻。
	教学组织	小组合作学习与小组探究学习结合，使个人篮球技术能有效融入团队配合。
	教学方法	讲解示范、情境教学、比赛法。

安全保障	检查场地，消除不安全因素，准备活动充分及场地设计合理，学生思想重视及课中有序教学组织。	场地器材	篮球42个，标志桶10个。

课的结构（总时长）	具体教学内容	教与学的方法	组织形式	运动负荷时间（分钟）	强度（次/分钟）
开始部分（或激趣导学）2分钟	课堂常规： 1.体委整队、检查人数。 2.师生问好。 3.安排见习生。	教师： 1.宣布课的学习目标、内容及要求，安排见习生。 2.小游戏的规则与动作要求；口令指挥与评价。	♟♟♟♟♟♟ ♟♟♟♟♟♟ ♟♟♟♟♟♟ ♟♟♟♟♟♟ ★ 四列横队站立 体委整理队伍		80±5

续 表

课的 结构 （总时长）	具体教学内容	教与学的方法	组织形式	运动负荷	
				时间 （分 钟）	强度 （次/ 分钟）
开始部分 （或激趣 导学） 2分钟	4.宣布本次课 学习目标、内 容。 5.反应游戏： 反口令队列练 习。	学生： 1.体委集合整队、 学生精神饱满、集 合快、静、齐。 2.根据老师的口令 做出反方向动作。			
准备部分 （或增趣 促学） 5分钟	1.动态热身 （1）弓步走 （2）侧弓步走 （3）最伟大拉 伸 （4）小步跑 （5）高抬腿 （6）交叉步跑 2.无球移动 （1）虚晃变向 加速跑 （2）后转身接 连续滑步	教师： 1.强调学生的动作 幅度、力度、完成 度，点评学生。 2.提示正确动作的 肌肉反应。 学生： 在骨干学生带领下 依次沿运动路线高 质量完成动作。 教师： 语言提示、提动作 要求、进行评价。 学生： 保持重心平稳，跨 步迅速接滑步。 评价：动作到位， 能够说出拉伸肌肉 及感受。	学生四路纵队从底线出 发，进行各种动态热身 	4	120± 5
基本部分 （或素养 提升） 30分钟	1.分层练习 行进间各种投 篮。 （1）行进间运 球各种投篮。	教师： 1.讲解示范不同投 篮手法的区别与运 用，指导学生分组 练习。 2.要求学生虚拟防 守队员位置，相应 完成投篮动作。	1.分层分组练习，由各小 组长在指定区域组织练 习。 	5	150± 5

续 表

课的结构（总时长）	具体教学内容	教与学的方法	组织形式	运动负荷	
				时间（分钟）	强度（次/分钟）
基本部分（或素养提升）30分钟	（2）行进间传接球与投篮组合。（3）紧逼防守下摆脱接球急停投篮结合。	3.能够结合传切、溜底等比赛移动方式进行投篮练习。4.巡回指导，关注学生动作完成情况，及时评价引导及鼓励学生。学生：1.十人一小组，分成两组，一组运球投篮，另一组跟进抢篮板。2.能根据平时比赛中遇到防守情况进行使用不同投篮方法。3.能够根据防守站位判断进攻方式。评价：熟练掌握不同投篮方法，能够根据防守站位选择投篮方式。			
	2.练习多打少情况下传球+跑位+投篮结合	教师：1.讲解活动的目的及移动方法。2.要求学生传完球后马上跑位接应同伴的传球并寻求投篮或传球进攻机会。3.巡视指导及展示评价。	2.分组进行探究学习	5	160±5

课的结构（总时长）	具体教学内容	教与学的方法	组织形式	运动负荷	
				时间（分钟）	强度（次/分钟）
基本部分（或素养提升）30分钟	3.拓展练习：（1）臀桥（2）螃蟹爬行（3）波比跳（4）俄罗斯转体	学生： 1.五人一组进行三攻二防练习，根据教师布置任务进行分组探究学习。 2.无论进攻还是防守都要加强交流，互相提示。 评价：能够利用人数优势通过整体站位选择移动寻找进攻空间，并选择合理方式投篮。 教师： 1.讲解及示范不同练习方法。 2.组织学生进行学练及动作互评。 3.鼓励及评价学生动作，个别辅导。 学生： 1.小组长指挥分组学练，根据教师要求时间及动作规格进行练习。 2.根据老师提示和小组长的安排有序进行认真练习，每小组完成之后轮换到下一组练习。 3.分四组进行轮换练习，总共练习2组。	3.分组轮换练习，由小组长指挥练习。 练习每小组完成一组间歇30秒轮转，重复2组。 分组练习，教师统一指令及计时，小组长报告成绩。	8	165±5

续 表

课的结构（总时长）	具体教学内容	教与学的方法	组织形式	运动负荷	
				时间（分钟）	强度（次/分钟）
基本部分（或素养提升）30分钟	4.展示与比赛：全场三对三。	教师：比赛法，说明比赛方法与规则及评价方法。学生：按照规则进行比赛。能够积极引动造成局部多打少发动进攻。评价：能够快速移动寻找进攻空间，能够及时发现队友的进攻机会并快速转移球。	4.比赛法。教师说明比赛要求，通过传球及切入接应创造进攻机会；巡视指导，学生在小组长的指挥下进行轮换练习。轮空小组担任裁判。	8	165±5
结束部分（或放松恢复）3分钟	1.放松活动：手臂、上肢、下肢静态拉伸。2.小结本课：本课任务完成情况。课堂组织纪律情况。3.宣布下课，师生道别，归还器材。	教师：1.讲解示范，语言提示，领做。2.总结，评价本节课完成情况。3.布置课后作业，安排回收器材。学生：1.听音乐放松身心，最大限度地进行拉伸尺度。2.认真听教师的总结，课后进行自我评价。3.完成课后作业，协助回收器材。	🧍🧍🧍🧍🧍🧍 🧍🧍🧍🧍🧍🧍 🧍🧍🧍🧍🧍🧍 🧍🧍🧍🧍🧍🧍 ★ 四列横队站立	3	110±5
预计负荷	平均心率	145±5			
	运动密度	80±5			
体育家庭作业	观赏投篮集锦，体能练习：靠墙静蹲50—60秒/组*3，俯卧撑（10—15）/组*3				

续 表

课后 反思	本课从一开始的反应游戏调动学生学习注意力，并形成较好的规则意识；教学过程中，以学生发展为中心引导学生根据自己的身体及技术特点，学会有针对性地提升适合自己的投篮技术，并创设不同的教学情境与空间，让学生通过勤练感受到自己投篮综合能力的提高，在小组团体投篮展示与比赛中体现出勇于接受挑战，能够默契配合的团队协作精神。此外，能够灵活采用多种教学组织形式提升课堂教学效率；通过情境教学激发学生的探究精神，通过师生、生生互动有效促进学生对于投篮技术及战术配合的理解，较好地达到课前设置的教学目标，有效提升学生的核心素养。 通过本节课，学生明显地表现出对篮球的理解不深，在练习过程的攻防练习中体现出来的情况是更多地把机会留给自己单干。体能练习方面，女生的练习强度还是达不到要求，普遍上肢力量较弱。总体而言，整节课完成度较高，学生基本能够掌握不同情况下的投篮技术运用并通过团队展现自己，课堂教学中学生的平均心率达到150，课堂练习密度达到80%以上，能够有效促进学生的运动能力提升。

第四节　水平四篮球运动大单元
教学设计与案例

　　小学阶段的篮球运动教学，以掌握篮球基本知识、掌握篮球的基本技术及形成一定的篮球思维为主要目的，以基本掌握不同节奏运球、常用的双手胸前、击地传球、双手胸前及肩上投篮等进攻技术及组合动作、简单的战术配合为主要目标进行教学设计。水平四篮球运动教学是基于前面学习的延伸及进阶，应更重视学生对多种技术动作和组合动作学练与真实情境中的运用，学会团队配合，能够对比赛攻防进行观察与分析，提高比赛的应变能力；学习篮球比赛规则，胜任参与比赛各种角色。本节根据水平四学业质量对篮球运动大单元教学设计及具体案例进行分析。

一、水平四篮球运动大单元教学设计

　　水平四篮球运动大单元设计基于水平三的学习基础，以移动寻找或配合创设空位获得进攻机会为主题。根据本单元学习主题，基于发展学生核心素养需求，从运动能力、健康行为、体育品德三个维度考虑，结合篮球项目特点，从寻找空位、创造空位、利用空位获得进攻等环节进行教学设计。通过水平四篮球运动大单元的学习，能提高学生对篮球比赛的阅读能力，更合理地运用自己的篮球技能参与比赛，学会在比赛中遵守规则，形成勇于担当、拼搏进取的体育品格和体育精神。

（一）水平四学情分析

1. 身心特点

水平四学生正处于身体发展高峰期，学生的协调性与灵敏性有着较高的发展水平，反应能力与肌肉力量发展较快，能够承受一定的运动强度及运动量；但男、女生发育分化比较大，导致体能发展水平差异较大。首先，学生参与篮球运动中普遍存在灵敏素质好、耐力一般、上下肢力量较弱、对抗能力较差的情况。此外，学生的自我控制能力得到较好提高，自我表现欲望总体较高，个体表现欲较强，男生喜欢挑战高难度动作，参与比赛过程中情绪波动较大；女生多数参与篮球比赛的热情不高，但会关注比赛。

2. 学习基础

经过前期学习，学生能够了解篮球基本知识及简单的裁判规则，在比赛中能够运用运球突破、运球传球等组合技术创造投篮机会，以及运用侧掩护、传切配合、"关门"等简单攻防配合，能积极参加班级内三对三，但对比赛中位置观念比较模糊，缺乏阅读比赛的能力，从而影响运动技能发挥。

3. 能力水平

水平四学生的认知与学习能力提升迅速，模仿学习能力比较强，有较强的自主学习能力；注意力集中及稳定性相对增强；思维方式从形象思维向抽象思维逐步过渡，但全面性与分析能力不强；学生自我认知显著上升，懂得通过自评提升规划能力，能够根据自己的身体条件提升技能，形成自己的技术特点；有一定的探究学习能力，能通过主动探究发现技能运用问题。

（二）设计思路

水平四篮球运动大单元结构化教学基于水平四学生的篮球基础与身心特点，以"移动寻找或配合创设空位获得进攻机会"为主题进行设计，旨在让学生在真实的情境进行篮球技能学习，在对抗运用中获得核心素养的提升。

（1）水平四篮球运动大单元以"快速移动寻找空位""对抗创造进攻空位""团队配合创设进攻空位"为学习任务。通过创设各种教学情境，让学生掌握假动作组合、移动节奏变化等创设进攻机会，在团队配合中逐步提高对比赛的阅读能力。

（2）在水平四阶段通过引入赛季，除了做到"教会、勤练"外，还创设

"常赛"氛围。通过对抗性的比赛，可以促进学生运动能力的提高，养成遵守规则、团队合作、尊重对手、全面发展的个性素质。在赛季中，学生以多种角色参与比赛的各项组织及工作中，深入理解篮球知识，领略篮球文化；通过各项活动学会与人交流，提高社会适应能力，提高综合素养。

（3）体能练习的设计根据学生发展敏感期进行设置，考虑到学生对体能练习的兴趣一般，内容设置更多体现多样性、趣味性、补偿性与整合性；基于学生篮球技能发展，以一般性体能与专项体能结合，引导学生了解自身的体能状况，学会剖析自己的体能发展状况，进行规划及自我锻炼提高。

通过大单元结构化教学设计，提高学生对篮球技能学练与运用的整合性，知识和技能的逻辑性、关联性，加深学生对篮球运动的理解；让学生的核心素养在真实情境教学中得到发展。

根据学情分析与教材结构化设计，水平四篮球运动大单元结构化教学设计框架图如图4-4所示。

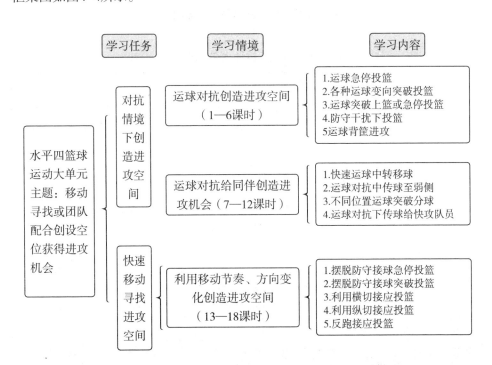

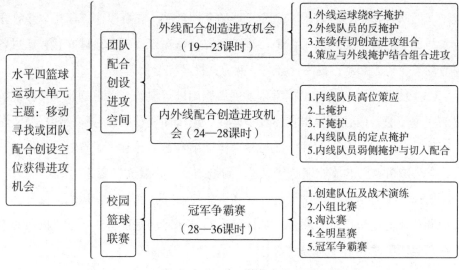

图4-4　水平四篮球运动大单元结构化教学设计框架图

二、水平四篮球运动大单元教学设计案例

表4-11　水平四篮球运动大单元教学设计案例

学习目标	1.运动能力：能够掌握篮球基本技术动作要领及技战配合的知识要点，基本掌握各种无球移动技术、运球、传球、投篮及简单的技战术配合创造进攻机会，提高对比赛的阅读能力；了解基本篮球知识与三对三、五对五的篮球裁判规则，学会欣赏篮球项目的国内外重要体育赛事。通过篮球学练与比赛，发展柔韧、灵敏等一般体能，促进爆发力、弹跳能力等专项素质提升。 2.健康行为：了解篮球运动对于健康的促进作用，养成良好的锻炼、饮食健康、作息习惯的作用，能够形成阳光灿烂、活泼开朗的生活态度；每周能够利用课余时间自主进行2—3次篮球运动，表现出与人交流及合作能力，懂得通过篮球运动锻炼控制情绪、调适心理。 3.体育品德：在参与篮球学练与比赛中表现出坚持到底、敢于拼搏的体育精神；能够遵守规则意识，学会尊重裁判、对手；能够正确面对胜利与失败，培养公平竞争的体育道德，并形成一定的团队精神。
主要教学内容	1.基本知识与技能：篮球运动基本知识及文化礼仪，常见篮球运动损伤认识与应急处理，无球移动、各种运球、传接球、投篮技术及组合动作；打、断、抢、篮板球等防守技术。

续 表

主要教学内容	2.技战术运用：真实情境创设中突分、传切、掩护、策应等基本配合结合及组合运用攻防。 3.体能：柔韧性、灵敏性、爆发力、核心力量、上下肢力量及速度耐力等专项素质练习。 4.展示与比赛：篮球三对三比赛、篮球嘉年华。 5.规则与裁判方法：三人制篮球比赛规则、裁判培训及临场担任裁判。 6.观赏与评价：参与班级、年级的篮球比赛，学会观赏比赛，分析自我及他人的技术运用能力，能够观赏8次以上CBA或区域、学校篮球赛事，并与同学分享观点。		
重难点	学生学习	学会寻找空位，敢于利用移动或对抗、团队配合创造进攻机会。	
	教学内容	寻找并利用恰当的方式在有利时机到达空位发动进攻；通过配合创造进攻空间。	
	教学组织	集体学习与个人学练、分组学练多种形式结合。	
	教学方法	情境教学法、自主学习与分组分层探究学习结合、比赛法。	

课时	学习目标	主要教学内容	教学组织与方法
1	运动能力：了解篮球基本知识及技术动作的原理；掌握行进间运球急停加速摆脱对手防守创设进攻机会；发展灵敏性及核心力量。 健康行为：能积极参与篮球运动，形成良好的锻炼习惯，在参与篮球比赛中学会与人交流，能控制自己的情绪。 体育品德：通过篮球比赛，敢于迎难而上，提高自信，学会尊重对手，正确对待比赛胜负。	1.结构化知识与技能：运球急停寻找投篮空间 （1）行进间运球追逐游戏。 （2）行进间运球急停、急起。 （3）行进间运球急停投篮。 2.体能 （1）敏捷梯脚步练习 （2）垫上滚翻 （3）俄罗斯转体 （4）保加利亚蹲 3.展示或者比赛：一对一对抗练习	1.分组练习：教师讲解示范、临场执裁；行进间练习采用分组教学。 根据自身特点可探究学习跨步急停或者两步急停，再运球加速。 2.体能练习：由小组长指挥，采用分组轮换练习，教师巡回指导。 3.分组比赛：教师讲解比赛规则，小组长指挥进行组内对抗练习。
2	运动能力：了解篮球不同运球方式的区别；基本能够在行进间完成急停变向运球及衔接完成投篮；发展协调性、核心力量与下	1.结构化知识与技能：行进间运球变向寻找投篮空间 （1）运球绕障碍。	1.自主练习：教师巡回指导；行进间练习采用分组学习，自主练习；投篮情境练习采用分组分层次设置障碍进行练习。

课时	学习目标	主要教学内容	教学组织与方法
2	肢力量。 健康行为：能积极参与篮球运动并形成一定的锻炼习惯，在参与篮球比赛中能主动与同伴沟通，表现出稳定的情绪。 体育品德：通过篮球比赛，敢于承担责任，能够自信应对挑战。	（2）行进间不同方式变向运球。 （3）半场行进间运球变向投篮/上篮。 2.体能 （1）四肢支撑爬行 （2）1分钟跳绳 （3）箭步蹲 （4）敏捷梯脚步练习 3.展示或者比赛：半场一对一	2.体能练习：采用站点式分组轮转练习，教师巡视指导与评价。 3.分组比赛：教师讲解游戏规则，小组内组织对抗比赛。
3	运动能力：基本掌握行进间运球变向加速创造进攻机会，能在对抗中完成变向运球进攻能力；发展灵敏、协调及下肢力量，促进技术动作稳定性。 健康行为：懂得利用掌握的知识规划锻炼并持续坚持，在学练与比赛中能掌握与人交流沟通的方法，并保持较稳定的情绪。 体育品德：通过篮球学练与比赛，展现勇于进取、敢于拼搏的意志品德；学会尊重别人，遵守规则。	1.结构化知识与技能：半场一对一攻防 （1）行进间不同方式变向运球。 （2）行进间Z形半场一对一模拟攻防。 （3）一对一车轮战。 2.体能 （1）平板支撑 （2）波比跳 （3）敏捷梯脚步练习 （4）深蹲 3.展示或者比赛：一对一斗牛比赛	1.分组分层创设情境练习；教师讲解示范、巡回指导；运球模拟攻防采用小组轮换对手练习，攻防互换；一对一攻防练习六人一组，轮流进行车轮比赛（胜者接受挑战）。 2.体能练习：分别于两条边线及端线与中线练习，分组轮换练习，教师巡回指导。 3.分组比赛：教师讲解游戏规则，学生分组组织比赛，攻防两方抢完篮板球可以马上进攻；一球制，胜者接受下位挑战。
4	运动能力：能够用弱侧手进行运球并根据对手的防守情况进行变向，在行进间运球突破；发展上、下肢力量及髋关节力量，行进间移动身体的平衡能力的发展。	1.结构化知识与技能：运球突破寻找进攻空间 （1）弱侧手行进间各种变向运球。 （2）模拟运球突破练习。 （3）连续运球变向加速突破练习。	1.分组进行技能学习，教师巡视并辅导学生；模拟对抗练习进行分层设置，鼓励学生尽量展示所有学过的运球方法尝试突破；强调低重心，变向快，侧身探肩紧贴防守队员。学生自主创设情境进行攻防练习。

续 表

课时	学习目标	主要教学内容	教学组织与方法
4	健康行为：能够科学进行锻炼，坚持参与课外篮球运动，在篮球比赛中掌握与人交流沟通方法，提高对各种环境的适应能力。 体育品德：通过篮球比赛，培养迎难而上、敢于挑战自我的体育精神，学会遵守游戏规则，正确对待胜负。	2.体能练习 （1）俯卧撑 （2）臀桥练习 （3）弓步跳 （4）敏捷梯脚步练习 3.展示或者比赛：路人王挑战赛	2.体能练习：采用固定时间分组轮换，每组用时45秒，间歇休息30秒，共2组，进行轮换练习。 3.分组比赛：分成四大赛区，分别进行路人王的挑战赛，最后由各赛区王者代表争霸赛。（全部采用一球制）
5	运动能力：掌握走步违例篮球规则，学会在干扰下进行投篮或突破创造进攻机会；通过体能练习发展上、下肢及爆发力，提高对抗稳定性。 健康行为：能够积极参与各项篮球运动，在比赛中懂得与人交流，能够控制好自己的情绪，提高对各种环境的适应性。 体育品德：在比赛中能够表现出勇于拼搏的精神，相信自己的同伴，团结合作。	1.结构化知识与技能：防守干扰下寻找投篮空间 （1）突破急停投篮练习。 （2）两人一组传球后干扰接球者投篮。 （3）防守下，接球假动作突破或突破急停投篮。 2.体能 （1）敏捷梯脚步练习 （2）小栏架高抬腿练习 （3）连续跳跃小栏架 （4）俯卧撑练习 3.展示或者比赛：二对二	1.分组探究急停投篮技术，教师巡回指导；情境模拟干扰投篮，要求干扰投篮后要卡位争抢篮板；分层探究不同进攻情形的突破方式。 2.体能练习采用小组轮换练习；每项练习90秒，间歇30秒，由小组长指挥练习，教师巡视指导。 3.分组比赛；教师讲解游戏规则，学生分组组织比赛，采用两球制轮换练习，没上场队员进行简单战术演练。
6	运动能力：了解篮球运动中枢脚的概念与运用，基本掌握内线进攻技术，能够用背身进攻；通过抗阻练习，发展学生上下肢力量及快速移动的稳定性。	1.结构化知识与技能：内线背身单打寻找投篮机会 （1）限制区外侧接球前后转身投篮。 （2）接球后背身虚晃转身投篮。 （3）内线一对一模拟对抗。	1.集体模仿练习/讲解示范、巡回指导；小组练习主要探究学习区分中枢脚，能够利用身体假动作或对抗创造进攻机会。

课时	学习目标	主要教学内容	教学组织与方法
6	健康行为：能够积极参与篮球运动，并表现出较好的适应不同教学情境的能力，在比赛对抗中，逐步提高社会适应能力。 体育品德：在比赛中表现出自信，能克服困难应对挑战，懂得遵守比赛规则。	2.体能 （1）轻器械的弓步蹲 （2）轻器械快速推举 （3）抗阻滑步 （4）抗阻加速跑 3.展示或者比赛：一对一	2.体能练习采用分组轮换练习，由各小组长指挥进行。教师计时检查完成动作质量并进行评价。 3.分组比赛：教师讲解比赛规则，学生分组组织比赛，要求每人需连续接受3人的挑战。
7	运动能力：了解安全锻炼的知识，基本掌握行进间运球过程中快速转移球至两侧空位处给同伴创设进攻机会；发展跳跃能力及协调能力，促进快速突破能力的形成。 健康行为：主动参与篮球运动，学会与人交流的正确方式，展现积极向上、乐观开朗的精神风貌。 体育品德：在比赛中敢于接受挑战，能够表现出自信与担当，能够加强与队友的合作。	1.结构化知识与技能：行进间运球中快速转移球 （1）直线运球中接传球至两侧底角接应者突破或投篮。 （2）变向运球中传接球至两侧底角接应者突破或投篮。 （3）运球对抗中在对手协防下传球给同伴进攻 2.体能练习 （1）连续跳小栏架 （2）支撑横移 （3）箭步蹲 （4）开合跳 3.展示或比赛：二对二	1.分组探究学习；能够在发现空位接应同伴时快速转移球；教师讲解示范、巡回指导；行进间传球练习采用分组教学；探究对抗下传球的手法与传球准确性。 2.体能练习采用分组轮换练习，要求动作到位，队员间保持足够的间距进行练习；教师巡回指导，检查完成质量。 3.分组比赛；教师讲解比赛规则，学生分组组织比赛轮换对手。
8	运动能力：懂得利用球场边角进行夹击防守的知识；基本掌握运球受夹击时，快速转移球给接应者或弱侧空位队员；发展学生的灵敏性及无氧耐力，促进心肺功能的改善。	1.结构化知识与技能：运球对抗中传至弱侧发动进攻 （1）运球对抗中在对手协防下传球给同伴进攻。 （2）运球强攻内线受夹击转移至弱侧发动进攻。 （3）半场二对二模拟实战攻防。	1.分组合作练习在行进间运球对抗转移球至弱侧的方法；分层探究内线队员进攻及受夹击时转移球至弱侧接应同伴的进攻方法。

续 表

课时	学习目标	主要教学内容	教学组织与方法
8	健康行为：能根据自己身体情况制订锻炼计划，并坚持锻炼，通过篮球运动学会调适心理，保持情绪稳定。 体育品德：通过篮球比赛培养奋勇拼搏精神；体验运动乐趣，提高自信；能正确面对比赛胜负。	2.体能练习 （1）登山跑 （2）俯卧撑 （3）跳小栏架 （4）折返跑 3.展示或比赛：二对二	2.体能练习：先分组进行前面三项练习，并轮换，最后统一进行折返跑练习。 3.比赛法：通过比赛发展学生迅速夹击防守及夹击下转移球的能力。
9	运动能力：了解走步违例的相关知识；基本掌握对抗情境下强行突破进攻或选择快速转移球给同伴创设进攻的方法；通过体能练习发展学生核心力量及爆发力，提高突破动作稳定性。 健康行为：能够自己制订体能发展计划，提高自己的专项体能；积极参与篮球比赛，学会与人交流沟通。 体育品德：通过篮球练习与比赛的成功体验培养自信；能够在团队合作中表现出责任与担当。	1.结构化知识与技能：弧顶运球突破创造进攻机会 （1）运球突破各种投篮。 （2）运球突破急停投篮。 （3）运球突破受夹击传侧翼同伴。 2.体能练习 （1）波比跳 （2）平板支撑 （3）跪跳起 （4）臀桥练习 3.展示或比赛：三对三	1.分组在弧顶进行左右侧运球突破与投篮结合练习；教师巡视指导并进行个别辅导；分组探究运球受夹击时，怎样传球给两侧接应队员。 2.体能练习：指挥学生分组练习，波比跳10次/组，平板支撑（进阶练习），跪跳起6—8次/组，臀桥练习30秒/组。 3.比赛法：三对三模拟攻防中各种传球手法的运用。
10	运动能力：基本了解持球突破进攻时同伴接应的路线，能够掌握持球突破受到夹击时，能及时转移球给空位同伴发动进攻；通过体能练习，发展短距离冲刺跑及上肢力量。	1.结构化知识与技能：锋线突破制造进攻机会 （1）小组持球突破各种投篮练习。 （2）往底线方向突破传弱侧或传中制造进攻机会。 （3）往中路突破传弱侧或底线制造进攻机会。	1.分组探究突破后进攻方式，能够根据自己的特点发展使用的进攻手段；教师巡回指导，个别改进技术动作；分组分层探究底线及中路进攻受夹击时处理球的方法。

续 表

课时	学习目标	主要教学内容	教学组织与方法
10	健康行为：能够积极参与篮球比赛，通过比赛提高对各种环境的适应能力，学会调整自己的情绪，保持较稳定的心态参与活动。 体育品德：在篮球练习与比赛中表现出积极进取、公平竞赛的精神，团队合作中表现出尊重与信任。	2.体能练习 （1）屈臂支撑横移 （2）轻器械快速前推 （3）重球抛接 （4）3/4场快速冲刺跑 3.展示或比赛：三对三	2.体能练习采用站点式轮换练习，由小组长指挥进行，教师鼓励提醒。 3.比赛法：采用分组练习，比赛空隙进行战术讨论与演练。教师巡回指导，现场评价。
11	运动能力：了解攻防转换时不同位置队员跑位接应的知识；学会根据防守者的位置选择是快速运球推进还是传球发动快攻；通过纵跳及抗阻练习发展学生下肢力量，提高身体对抗能力。 健康行为：积极参与篮球运动，在练习中学会与同伴合作及对手交流的方法，提高对比赛的适应性。 体育品德：通过篮球练习的成功体验，培养坚持到底的精神，懂得公平竞争，能够正确对待比赛胜负。	1.结构化知识与技能：运球对抗下传球给同伴发动快攻 （1）中路接应后，运球传两侧底角。 （2）对抗情境下传球给接应同伴，发动快攻。 （3）二对二全场攻防。 2.体能练习 （1）连续纵跳摸高 （2）弹力带牵拉高抬腿 （3）弹力带牵拉跑 （4）弹力带上举 3.展示或比赛：半场二对二防守接全场反击	1.分组合作练习，教师巡回指导，对防守下运球突破提出技术规范要求，避免突破时由于中枢脚移动造成的走步违例。 采用分组分层探究练习，攻防转换的连续快速接应。 2.体能练习采用分组练习，骨干学生组织练习，连续纵跳摸高4—6次/组，两人一组牵拉抬腿左右脚各抬10—15次，牵拉跑从端线至中线往返轮换。 3.分组比赛：攻守转换时主动接应，形成快攻。
12	运动能力：能够了解快攻时不同位置的跑位接应常识；基本掌握全场传切接应，形成快攻能力；通过抗阻体能练习等发展学生上下肢力量。	1.结构化知识与技能：全场快速传球接应前插创造进攻机会 （1）行进间运球传给同伴后快速场上接应。 （2）后场边线接应后快速运球传两侧底角。 （3）全场二对二攻防。	1.分组合作练习，全场快速传球及插上接应；形成快速进攻能力。 分组分层探究对抗下运球中大范围传球给同侧或异侧接应同伴的方法。

续 表

课时	学习目标	主要教学内容	教学组织与方法
12	健康行为：了解篮球比赛时受伤的应急处理，掌握相关饮食健康及作息习惯，在对抗练习中学会调控自己的情绪。 体育品德：通过篮球比赛形成勇于拼搏的精神，养成尊重规则、尊重对手的体育道德和文明参赛的品格。	2.体能练习 （1）抗阻滑步 （2）俯卧撑 （3）连续跳小栏架 （4）登山跑 3.展示或比赛： 三对三比赛	2.体能练习采用分组练习，骨干学生指挥进行定量练习，抗阻滑步在边线之间来回练习，大腿后肌牵拉采用2人一组在球场端线组织练习，跳小栏架可在边线摆放8—10栏架组织练习；教师巡回鼓励提醒。 3.分组比赛：采用5分制轮换练习。
13	运动能力：了解篮球运动中合理对抗的知识及要点，紧逼防守下利用身体假动作创设空位接球机会，并发动进攻；通过体能练习发展学生的灵敏性及动作协调性，提高一般体能。 健康行为：能主动参与篮球比赛，在比赛中加强交流能力，学会鼓励同伴。 体育品德：在比赛中能迎难而上，敢于拼搏；学会信任自己的同伴，精诚合作。	1.结构化知识与技能：摆脱防守接球投篮 （1）无球移动：虚晃变向加速。 （2）假动作溜底线接球投篮。 （3）假动作空切至罚球线接球投篮。 （4）三对二模拟对抗练习。 2.体能练习 （1）波比跳 （2）直臂支撑横移 （3）仰卧双头起 （4）弓步跳 3.展示或比赛：三对三	1.无球移动技术教学与热身活动结合，进行集体练习；分层分组探究利用假动作空切或溜底到空位接应并发动进攻，教师巡回指导并引导学生传球把握传球时机。 2.体能练习采用分组练习，定量评价（波比跳10个/组、仰卧双头起15次/组、弓步跳10次/组、直臂支撑横移10米/组），教师鼓励评价。 3.分组比赛：在比赛中强调盯人防守。
14	运动能力：了解行进间快速传接球跑动路线，在进攻中受阻挡时能采用不同传接球手法转移球；通过体能练习发展柔韧性及有氧耐力，增强心肺功能。 健康行为：能够了解并坚持合理的饮食搭配；能积极参与篮球比赛，在比赛	1.结构化知识与技能：摆脱防守接球进攻 （1）无球摆脱攻防。 （2）紧逼防守下外线摆脱接球突破投篮。 （3）紧逼下V切或L切，摆脱接应进攻。 （4）半场二打二模拟练习。	1.无球摆脱等移动技术教学与热身活动结合进行集体练习；分组探究利用不同节奏、路线摆脱紧逼防守的技战术；教师巡回指导并引导学生根据进攻场景采用不同组合防守步法；分组分层学习紧逼下接应并迅速占据主动发动进攻。

续 表

课时	学习目标	主要教学内容	教学组织与方法
14	中能保持乐观开朗的态度，能用语言、肢体动作等形式与人交流。 体育品德：在篮球比赛中学会担当，敢于挑战；能尊重对手，理解并遵守篮球比赛的规则，正确面对比赛胜负。	2.体能练习 （1）两边线间17折跑 （2）跨栏腿拉伸 （3）臀桥练习 3.展示或比赛：三打三	2.体能练习：采用集体练习，达标评价，教师鼓励提醒。 3.分组比赛：在比赛中主动摆脱防守跑空位接应。
15	运动能力：基本掌握行进间传切接应，在具体攻防情境中提高传球能力与意识；发展学生灵敏性，提高防守移动速度。 健康行为：能注意安全锻炼，有序准备；能积极参与篮球比赛，理解同伴的失误并互相鼓励。 体育品德：通过篮球比赛能积极面对困难，形成奋勇争先的意志品格；有文明礼仪，懂得尊重同伴与对手。	1.结构化知识与技能：利用传切方式创造进攻机会 （1）无球移动，左右晃动接加速跑或后转身等对抗练习。 （2）模拟传切练习，中路与边路传切结合，创设多点接应进攻。 （3）三对三对抗下配合练习。 2.体能练习 （1）连续跳小栏架 （2）敏捷梯练习 （3）快速碎步接10米冲刺跑 快速滑步 3.展示或比赛：三对三	1.分组体验假动作无球对抗攻防，教师巡回指导并引导动作；分组分层探究利用不同形式的切入方式，创设多个接应点，提高进攻效率。小组间交流，模拟对抗提高对传球手法、时机等的要求。 2.体能练习：采用分组轮换练习，小组长指挥练习，学生互相鼓励。 3.分组比赛：在比赛中强化主动跑空位接传球，强调规则意识，不允许运球。
16	运动能力：基本掌握快速传接球形成投篮机会，能够判断同伴切入路线并选择恰当的手法及时机传球创造进攻；通过四种不同类型的体能练习，发展学生一般体能，提高身体素质。	1.结构化知识与技能：利用连续传切摆脱防守进攻 （1）半场五对五传球比赛。 （2）三人一组连续传切配合。 （3）对抗下连续传切进攻。	1.分组进行半场抢断球游戏活动。规则是不能运球及原地传接球，同两人间连续传球不超过两次；分组模拟对抗下连续传切，创造多个进攻接应点。

课时	学习目标	主要教学内容	教学组织与方法
16	健康行为：积极参与校内体育锻炼，参与活动中展现出良好的心态，能用正确的方式与人交流、沟通。 体育品德：通过篮球比赛能了解篮球比赛的角色与责任，展现敢于担当、勇于拼搏的意志品格。	2.体能练习 （1）1分钟快速跳绳 （2）仰卧双头起 （3）登山跑 （4）快速俯卧撑 3.展示或比赛：三对三	2.分组站点式轮换练习。分别于端线与中线，两侧边线设置练习点练习俯卧撑（8—10次/组）、跳绳、登山跑（30次/组）、仰卧双头起（15次/组）并进行轮换练习。 3.分场地进行小组间交流比赛。教师讲解比赛特殊规则，小组长组织组内比赛。
17	运动能力：掌握切入及反跑的技术要点，能通过快速传接球制造突破进攻机会，能够在对抗中完成进攻；通过抗阻练习发展学生的专项体能，促进实战对抗能力的提高。 健康行为：积极参与班内对抗比赛，加强交流，提高对各种比赛情境的适应能力。 体育品德：比赛中遇到困难能够顶住压力，奋勇争先，公平竞赛，表现出团队精神与责任意识。	1.结构化知识与技能：利用反跑创设进攻机会 （1）三传二防抢断球游戏。 （2）紧逼防守下切入与反跑。 （3）三对三无运球对抗。 2.体能练习 （1）抗阻滑步 （2）抗阻快速抬膝 （3）抗阻牵拉跑 （4）抗阻上举 3.展示或比赛：三对三	1.分组练习：五人一组散点练习，教师巡回指导；分组练习：小组分场地进行练习，重点发展快速攻防及卡位阻止切入接应防守能力；分层探究通过切入及反跑获得进攻机会。 2.体能练习：两人一组进行练习，抗阻滑步（边线之间来回轮换）、抗阻抬膝（中线进行）、抗阻牵拉跑（端线至中线往返练习）。 3.分组进行组内对抗比赛，能根据防守位置选择传球手法，学会跑空位接应球。
18	运动能力：基本掌握策应的概念及作用，通过内线策应与外线切入结合创设立体进攻；体能练习结合专项防守步法组合练习，发展学生下肢力量。	1.结构化知识与技能：半场传切练习的攻防 （1）四角传球。 （2）外线连续传切。 （3）内线策应与外线切入配合。 2.体能练习 （1）前滑步+碎步 （2）后撤步+滑步	1.教师讲解示范，学生分组分场地进行练习；四角传球是学生分成4组分别站在半场四角进行传切跑动中传接球，跑对角线。分层练习策应与外线队员切入配合；教师巡视指导。 2.分组全场练习：骨干学生指挥分组练习，教师巡视指导，每项练习完成2组。

课时	学习目标	主要教学内容	教学组织与方法
18	健康行为：积极参与篮球运动，能够在练习中表达自己的观点与看法，通过多方互动，提高对复杂教学情境的适应能力。 体育品德：在比赛中表现出奋勇争先，敢于展现自我，能够做到诚信自律，正确看待比赛胜负。	（3）综合步法（滑步+冲刺跑+横滑步+后退跑） 3.展示或比赛：三对三	3.展示或比赛：三对三。巡视指导学生在比赛中学会语言交流或肢体暗示，完成传接球。
19	运动能力：了解掩护基本战术及要点，学会简单掩护配合，持球队员能够借助掩护发动进攻；通过体能练习发展下肢力量及爆发力，提高跳跃能力。 健康行为：通过篮球基本配合练习，学会与同伴交流与沟通能力，在比赛中学会调整自己的情绪，保持良好心态。 体育品德：在集体配合练习中，学会尊重及信任同伴，促进团队精神的形成。	1.结构化知识与技能：外线队员通过掩护创造进攻机会 （1）给持球做侧掩护进攻。 （2）两人一组运球给接应者掩护进攻。 （3）三对三利用掩护攻防练习。 2.体能练习 （1）轻器械的推举 （2）负重弓步走 （3）蹲跳练习 （4）平板支撑 3.展示或比赛：三对三	1.集体练习：热身及无球移动技术。教师巡视指导，评价纠错；分组练习掩护配合，从无防守到消极防守；学生要学会示意掩护及快速进攻。 采用分层练习：能够通过多种掩护方法创设进攻机会。 2.分组进行站点式轮换练习，由各小组长指挥进行；教师巡视指导，并对学生个别辅导。 3.比赛法：半场三对三攻防，小组对抗练习，强调比赛中通过声音、肢体动作建立沟通渠道。教师巡视指导与战术分析。
20	运动能力：了解运球掩护的关键技术要点，能够通过外线连续运球掩护创设进攻计划，提高进攻流畅性；以灵敏动作接快速跑提高短距离的冲刺跑能力，提高专项体能。	1.结构化知识与技能：外线8字运球掩护创造进攻机会 （1）三人沿三分线8字掩护。 （2）防守掩护至绕、挤、穿等防守动作的运用练习。	1.分组合作练习，探讨运球掩护配合技术要点及防守策略；教师巡视指导，评价纠错；分层分组进行三对三实战演练，提高实战运用能力。 小组长指挥练习，教师根据练习情况进行引导及纠错。

续　表

课时	学习目标	主要教学内容	教学组织与方法
20	健康行为：积极参与篮球比赛，能够积极主动与同伴进行语言或肢体动作交流，建立默契合作。 体育品德：在比赛中能敢于拼搏，信任自己的同伴，互相鼓励，展现出良好的团队精神。	（3）三对三绕8字掩护攻防练习。 2.体能练习 （1）端线原地碎步+半场冲刺跑 （2）端线原地转髋+半场冲刺跑 （3）端线原地十字跳+半场冲刺跑 （4）端线与罚球线快速往返滑步 3.展示或比赛：三对三	2.分组轮换练习：集体练习，间歇时间30秒，每项练习进行2次，分组交替进行。 3.展示或比赛：三对三。小组间交流比赛，学会根据运球掩护发动进攻。
21	运动能力：掌握掩护的规则与要点，能够通过同伴的无球掩护，制造进攻机会，增强战术意识；通过体能练习重点发展核心力量，提高身体对抗下的控制能力。 健康行为：学会科学合理进行锻炼，通过篮球比赛加强与同伴交流，提高对各种比赛情境的适应能力。 体育品德：在比赛中能勇挑重担，能够主动组织或指挥同伴场上活动，培养团队作战精神。	1.结构化知识与技能：利用反掩护创设进攻机会 （1）二人一组掩护投篮练习。 （2）三人反掩护进攻练习。 （3）三对三反掩护模拟攻防。 2.体能练习 （1）平板支撑八式进阶练习 （2）双人跳绳 （3）双人合作背球滑步 （4）双人俯撑击掌 3.展示或比赛：三对三	1.两人一组自主练习：教师巡视指导，评价纠错；分组分层探究反掩护配合时机，从无防守到干扰防守，提高练习难度。 2.采用站点式分组轮换，骨干学生指挥小组练习，教师巡回指导。 3.展示或比赛：三对三。要求利用本节课学习的反掩护配合进行攻防练习。比赛空隙，小组讨论及战术演练。
22	运动能力：学会解读比赛，把握掩护或反跑空切创设的空位机会发动进	1.结构化知识与技能：掩护与反跑空切，创设进攻机会	1.分组练习：探究反掩护后防守队员不同反手策略下怎样发动进攻。

续 表

课时	学习目标	主要教学内容	教学组织与方法
22	攻，增强战术意识；发展柔韧性、核心力量及灵敏性，提高无氧耐力。健康行为：主动学习，能制订自我锻炼计划；在篮球比赛中能够理解同伴的失误，控制自己的情绪。体育品德：在比赛中体现出勇于担当，能够尊重同伴与对手，正确理解比赛胜负。	（1）反掩护延伸探究。（2）无球掩护与反跑结合。（3）半场三打三模拟进攻。2.体能练习（1）四线折返跑（2）体前屈（3）臀桥练习（4）波比跳3.展示或比赛：三对三	教师巡视指导，评价纠错。分层分组练习实战模式下无球掩护与反跑等相关性战术攻防。2.分组练习：分组轮换练习，小组长指挥练习，教师巡视指导与评价。3.比赛法：学会利用掩护、反掩护及反跑等进行综合进攻。
23	运动能力：基本掌握转身突破进攻技术，能够通过高位策应与空切结合，创设立体进攻；通过体能拓展，发展学生的上肢及腰腹力量，促进快速移动身体的平衡能力。健康行为：学会主动地参与篮球运动，并表现出较好适应能力，能主动与同伴交流。体育品德：在比赛中能面对困难表现出自信，能克服比赛中出现的困难，积极应对，应对挑战，勇于挑战的体育品格。	1.结构化知识与技能：内线高位策应与空切创造进攻机会（1）罚球线后转身突破投篮。（2）内线队员罚球线策应，后卫及前锋空切进攻。（3）半场三对三模拟攻防练习。2.体能练习（1）敏捷梯脚步练习（2）抗阻滑步（3）抗阻冲刺跑（4）抗阻上拉3.展示或比赛：三对三	1.分组合作练习背身突破进攻技术；小组长指挥练习可以根据个人情况发展投篮与突破结合；教师巡视指导，评价纠错。分组分层练习：从不同对抗练习中，探究面对防守不同站位选择传球或突破进攻。2.练习场地分别设置于两侧边线及端线附近，分小组进行练习，小组长指挥并轮换练习。3.比赛法：三对三。强调战术配合，能够利用高位策应支点发动进攻。
24	运动能力：在上一节课基础上继续发展高位进攻技术，并掌握高位策应与外线无球掩护创造的进攻机会；通过体能拓展发展学生在球场上快速移动能	1.结构化知识与技能：内线高位策应与无球掩护结合创造进攻机会（1）内线队员高位进攻。（2）内线策应与外线无球掩护配合探究。	1.分组合作练习：内线队员在罚球线接球根据防守位置发动进攻；小组长组织练习，教师巡视指导，评价纠错。

续表

课时	学习目标	主要教学内容	教学组织与方法
24	力，提高短距离反应跑能力。 健康行为：懂得合理调整运动负荷及运动损伤应急处理，比赛中能主动与同伴交流，形成较好的配合默契。 体育品德：通过比赛强化规则意识，培养公平竞争的体育道德。	（3）三对三模拟攻防。 2.体能练习 （1）交叉步跑加速 （2）后退跑转身加速 （3）快速碎步加速跑 （4）前后跳接加速跑 3.展示或比赛：三对三	分层小组探究练习：内线队员高位策应与外线无球掩护结合的各种配合。 2.分组轮换练习：在球场端线听教师信号练习快速反应。组间休息时间为30秒，每种跑步方式进行两组。 3.比赛法：分组进行三对三比赛，要求每次进攻必须从内线高位接应作为进攻发起点。
25	运动能力：基本掌握内线队员高低位进攻方法，学会高低位相互牵制制造进攻机会；通过体能拓展发展学生的灵敏度与协调性，提高篮球比赛中身体的对抗能力。 健康行为：积极参与篮球运动，能主动与同伴交流，能够较好地适应比赛中各种复杂的变化，保持稳定的情绪。 体育品德：比赛中能表现出敢于挑战自我、坚韧不拔的精神，能够遵守比赛规则，公平竞赛。	1.结构化知识与技能：内线队员高位策应与内线低位空切配合创造进攻机会 （1）限制区两侧溜底接球投篮。 （2）高位策应与内线低位空切配合。 （3）三对三模拟攻防练习。 2.体能练习 （1）反身爬行 （2）连续跳小栏架 （3）敏捷梯脚步练习 （4）深蹲练习 3.展示或比赛：三对三	1.分组合作练习：小组长指挥探究低位接球进攻技术；教师巡视指导，评价纠错。 分组分层探究练习：复习高位进攻与外线切入配合及探究高位接应吸引防守；低位跟进接应进攻配合。 2.分别于两侧边线及端线设置练习区域，分组轮换练习，小组长指挥练习，每组练习两分钟后进行轮换，教师巡视指导，评价及辅导学生纠正动作。 3.比赛法：强调通过高低位配合进行强攻，提高队员的对抗能力。
26	运动能力：基本掌握内线队员上提掩护外线队员进攻配合；通过体能拓展发展学生的上下肢力量及弹跳力量，提高比赛中的对抗能力。	1.结构化知识与技能：内线队员上掩护创造进攻机会 （1）投篮比赛：持球突破急停跳投。	1.小组合作练习：小组长指挥轮流进行持球突破投篮练习，每组两个球，自投自抢传给跟进队员投篮，计算三分钟内投中次数；教师巡视指导，评价纠错。

续 表

课时	学习目标	主要教学内容	教学组织与方法
26	健康行为：积极参与各种学练，比赛中学会与同伴交流沟通，表现出对各种不同教学情境的适应能力。 体育品德：在篮球运动中，勇于承担不同的角色责任，培养不畏苦难、迎难而上的品格。	（2）利用内线队员掩护突破投篮。 （3）上掩护的延伸进攻探究。 2.体能练习 （1）俯卧击掌 （2）保加利亚蹲 （3）纵跳摸高 （4）踝关节力量练习 3.展示或比赛：三对三	分组分层练习：能根据防守站位对掩护与突破时机判断，掩护后的延伸配合进行探究学习。 2.分组练习：由小组长指挥进行，采用小组轮换；教师巡查指导。 3.比赛法：强调以内线掩护为主要的进攻策略。
27	运动能力：能够掌握外线队员下掩护及内线队员卷切接应发动进攻配合；发展学生的上下肢力量及核心力量，提高对抗能力。 健康行为：积极参与练习，并能在比赛中与同伴交流，表现出对各种环境的适应能力。 体育品德：在篮球比赛中，勇于承担不同的角色责任，具有敢于迎难而上的精神，能尊重并理解同伴。	1.结构化知识与技能：利用下掩护与卷切结合创设进攻空间 （1）内线低位背身攻防练习。 （2）外线队员下掩护与内线同伴卷切接应进攻。 （3）配合的延伸及模拟攻防。 2.体能练习 （1）连续纵跳 （2）轻器械推举 （3）负重弓步走 （4）平板支撑 3.展示或比赛：三对三	1.小组合作练习：小组长指挥探究低位进攻方式，学会背身单打，侧身对抗进攻等。 教师巡视指导，评价纠错。 分组分层探究学习，外线下掩护，内线队员卷切接应进攻及延伸配合。 2.分组轮换：由小组长指挥，每组进行90秒钟练习，间歇30秒，共进行2组。教师巡视并辅导学生纠错。 3.比赛法：采用三对三进行实战演练，提高对战术的理解与运用。
28	运动能力：掌握内线队员到弱侧进行掩护的进攻战术，学会打开空间及创设进攻；通过抗阻练习发展学生的上下肢力量，提高比赛中的对抗能力。	1.结构化知识与技能：内线队员弱侧低位掩护进攻 （1）内线队员一对一攻防。	1.小组合作练习：小组长指挥练习，探究适合自己的低位进攻方式；教师观察学生练习，并根据学生的具体情况提出建议。

续表

课时	学习目标	主要教学内容	教学组织与方法
28	健康行为：学会组织赛事活动，在活动中表现出活泼开朗，能与同伴进行交流与合作，提高对各种环境的适应能力。 体育品德：通过篮球比赛能学会尊重对手、尊重裁判，懂得正确对待比赛胜负。	（2）内线队员弱侧掩护，创造横切或溜底进攻空位。 （3）战术配合的模拟攻防。 2.体能练习 （1）抗阻滑步 （2）抗阻抬腿 （3）抗阻后抬腿 （4）抗阻上举 3.展示或比赛：三对三	分组分层练习：通过拉开空间到弱侧掩护，创设进攻空间；可按照能力水平进行无对抗到对抗练习。 2.分组站点式轮换练习：分小组练习由组长指挥进行，教师观察学习情况，并提出评价与要求。 3.比赛法：分场地进行小组间交流比赛。
29—36	运动能力：参与篮球比赛组织，在比赛中学会运用所学技战术配合，通过比赛检验篮球技能的掌握情况。发展速度、灵敏度及提高身体对抗能力。 健康行为：积极参与篮球运动，能够在比赛中加强与人交流能力，提高对多种环境的适应能力。 体育品德：通过篮球比赛学会遵守规则意识，在比赛中表现出尊重对手的行为，具有团队精神与正确的胜负观，在比赛中积极进取，勇敢顽强。遵守规则，学会尊重对手、尊重裁判。	篮球争霸赛 一、赛前准备：组建球队，分工设计 1.球队的logo、旗帜、口号。 2.推选队长及临场教练（可兼任）。 3.组建队伍：按实力、男女生搭配组建队伍8支。 4.赛程编排对阵：根据抽签签号进行蛇形对阵。 5.每组每轮次安排一名临场裁判，并按异组执裁原则安排每场裁判。 二、队伍培训 1.裁判培训及临场执裁。 2.队伍训练。 3.交流比赛。 三、小组赛 1.赛事组织：比赛赛制采用半场三对三，每组5—6人，选出队长1名，每轮赛事选派1名裁判（轮换）到其他小组比赛担任裁判；场上比赛队员不少于1名女生。 2.每场比赛时间10分钟，有1次暂停。女生投篮得分，双倍计算。 3.第一阶段比赛采用单循环赛制，8支队伍进行7轮次比赛。 4.第二阶段比赛采用交叉淘汰决出名次，小组前四名争夺冠军，小组第二名对阵5—8名争夺5—8名。 5.冠军争霸赛。其余小组成员分别承担主持人、赛事解说、中场表演、裁判及记录台的工作。	

续 表

课时	学习目标	主要教学内容	教学组织与方法
29—36		决赛采用两节，每节6分钟，可暂停一次。 6.颁奖仪式。 公布赛事成绩，最佳男女运动员，最佳裁判。	

三、水平四篮球运动大单元教学的注意事项

《义务教育体育与健康课程标准（2022年版）》提出六大课程理念，对于体育教学的组织及开展指明了方向。根据水平四学生的身体发育、认知水平及篮球项目的特点，教师依据核心素养内涵，基于水平四篮球学习目标有创造性地设计篮球运动大单元的教学内容及完成教学实施，教学过程需注意以下事项。

（一）坚持"健康第一"，注意知识融合

教学过程中始终坚持"健康第一"的理念，明确培养学生体育核心素养的要求，所有教学环节设计需关注到学生的健康知识的掌握、健康生活方式的形成，教学中采用的评价方式应有利于学生体育品德的形成及迁移，能够在教学设计、实施与评价中真正体现出体育与健康的教育全面性，促进学生健康成长。

（二）教学过程中"学、练、赛"一体化设计与实施

为促进学生对于篮球技能的掌握，提高学生对篮球的认知、技能掌握与运用，教学应进行整体化设计，如在对抗下通过运球创造或给同伴创造进攻机会的教学任务。首先，从小区域运球抢球游戏、小区域攻防、防守下运球突破、盯人防守下接球突破、对抗练习、比赛等进行一体化设计，旨在让学生的运球运用能力在真实的情境中得到提高，为真正"教会"学生篮球技能，进一步提高篮球综合能力提供时间、空间保障。其次，进行技术动作教学时应引导学生了解相关的裁判规则，懂得规范动作的要求，建立正确的动作概念，为"勤练"打基础。最后，篮球是开放性、对抗性的运动项目，教学中，采用攻防一体化教学，能让学生更好地理解教师所设置的情境教学的目的，为进一步探究战术配合的延伸变化提供基础。攻防一体化教学使学生"常赛"建立集体配合的概念。

（三）关注学生的个体差异，鼓励弱势群体学生学习

水平四学生正处于生长发育的高峰期，学生发育程度差距较大，表现出来

的运动能力差别也比较大。首先，教学应以学生发展为本，需关注全体学生的发展。教学过程可根据学生的不同情况分层提出学习目标及适宜的教学内容、多样化的教学评价，使每名学生通过努力能获得良好的运动体验，增强学习篮球的自信心。如案例传球与跑位结合学习中，通过分层拓展进行传球与跑位结合练习、行进间传接球与投篮组合技术、简单传切配合让学生分别体验到传球与跑空位、传球与跑空位接球投篮结合及对抗下传切配合下接应投篮，使不同层次的学生在学习中获得成功体验与发展。其次，关注学习困难生。教学过程中新授内容及复习内容应该采用多种组织形式，通过培养骨干学生引领小组学练，扩大对学习困难生的辅导面，让他们更容易融入小组学习氛围中，教师需关注并发掘他们学习的每一分进步，并及时给予表扬。

（四）重视过程性评价，给予学生适时评价

《义务教育体育与健康课程标准（2022年版）》提出重视综合性学习评价，落实到体育课程教学中，教师需要关注到每个教学环节中学生的学习情况，并适时对学生的学习表现给予评价。如学生成功完成一次准确投篮、精妙传接球配合等，教师应及时对学生的学习表现给予肯定，把学生的技术运用恰当之处准确表达出来，而不是简单敷衍地用"你真棒"来表达。因为，评价既是对学生学习成效的及时反馈，也对所有学生的学习有导向性。当然，过程性的评价不仅仅是关注学生的运动技能的掌握，对于学生在比赛中体现出来的不畏困难等品格或良好的行为习惯，也应该及时鼓励。

（五）针对不同年段进行展示与比赛

由于水平四学生正处于生长发育高峰，分化较大，根据学生的年龄特点及掌握技能的情况，建议学生展示或比赛教学环节，七年级学生可以通过创设简单的情境或者游戏进行比赛，也可以通过技能大挑战的形式进行教学，以激发学生挑战自我的激情。八年级的学生每节课安排一定时间进行路人王、三人赛等形式的比赛，学期末组织班内比赛，让学生感受及体验到篮球比赛的乐趣。九年级的学生可结合学年段，在班内开展五人篮球比赛，延伸至课后，开展年级篮球联赛。让学生通过赛事组织、临场裁判、赛事表演、赛事宣传、赛事解说等体验不同的角色与责任分工，形成规则意识及竞争意识，促进学生对篮球的热爱。

（六）优化组织合理调控课的练习密度与负荷

促进学生体能发展和体质健康，是体育教学的主要任务。《义务教育体育与健康课程标准（2022年版）》要求：在体育与健康课程实践教学中，水平四学生每节体育课学习密度不低于75%，平均心率原则上控制在140—160次/分。这对体育教学设计及实施提出了高质量要求。教师应在教学设计、教学方法运用、语言提炼等方面下功夫。课堂教学精讲多练，教学组织上应把握具体教学情境合理优化组织，重视教学过程中不同教学环节的有机衔接，保证学习流畅性。教学过程可采用小组指导或个别辅导，尽量减少没必要的队伍调动或打乱学生的学习节奏，保证课的学习密度与负荷能达到课程标准的要求，有效促进学生的体能发展和体质健康。

四、学习评价

学习评价是体育与健康课程教学过程的重要环节，以评促学可以充分发挥评价引导及激励作用，对学生的学习情况进行综合评价，对于进一步发展与提高教学质量提供依据。水平四篮球运动大单元的学习评价根据大单元的学习任务，按照篮球项目特点，设立评价要素，对学生的学习情况进行专业化、客观化呈现，并依据学生的具体表现进行学习评价，采用评价方式为定性评价与定量评价结合。期望通过多样化、全面的评价促进学生核心素养的提升。

（一）展现与比赛评价

以三对三篮球比赛的形式展现。

1. 采用比赛场地及器材

二分之一标准篮球场；用球型号：男生7号球，女生6号球。

2. 评价方法

设3名学生监考员，依据评价要素对学生在比赛中表现出来的具体情况，包括临场裁判表现等进行评分。

3. 评价要素

了解篮球的裁判规则，能判断犯规、违例动作；比赛过程中每个队员要完成传球、运球、投篮、抢篮板、防守等技术动作和传切、策应、突分、掩护等战术配合；敢于竞争、团结协作；有参加篮球比赛的体能；遵守篮球比赛规则，尊重裁判、尊重同伴、尊重对手；参与锻炼活动情况，情绪调控能力；比赛中体育精神、体育道德及体育品格的具体呈现。

4. 综合评价

体育与健康课程的评价是通过收集学生课内外学习信息、技能掌握情况，围绕着学生核心素养的发展，根据学业质量要求，从运动能力发展、健康行为形成、体育品德的养成等方面进行衡量。水平四篮球运动大单元教学评价采用定量与定性结合的评价方法，对学生的学习情况进行总体评价，如表4-12所示。

表4-12　水平四篮球运动大单元展现与比赛评价表

等级	评价要素		
	运动能力	健康行为	体育品德
优秀 85—100分	熟练完成传球、运球、投篮等技术及技术组合，抢、断、抢篮板球等攻防技术动作；突分、掩护、协防等攻防战术配合；比赛临场执裁能够判别犯规与违例，每学期观看篮球比赛次数不少于10次，比赛中体能校好、反应较快等行为中的7个要素。	积极、主动参与篮球比赛，根据个人篮球技能掌握情况制订提升方案；参与篮球比赛时能够做到情绪稳定，能理解鼓励同伴并与对手较好沟通；有良好的合作能力和适应能力。	比赛中表现出坚韧不拔，具有较强的抗挫折能力；公平竞赛，具有较强的规则意识；能尊重裁判、尊重同伴、尊重对手，表现出敢于担当的精神，具有较强的团队意识和正确的胜负观。
良好 75—84分	较好完成传球、运球、投篮、防守、抢篮板球等技术动作及突分、策应、协防等攻防战术配合，比赛临场执裁能够基本判别犯规与违例，每学期观看篮球比赛次数不少于9次，比赛中体能校好、反应较快等行为中的5个要素。	积极、主动参与篮球比赛，能够参与课外篮球运动；参与篮球比赛时基本能够做到情绪稳定，能跟同伴及对手进行交流沟通；对于比赛有较好的适应能力。	比赛中表现出不怕困难，具有一定的抗挫折能力；有公平竞赛意识，能遵守规则；能尊重裁判、尊重同伴、尊重对手，具有较强的团队意识和能正确对待比赛胜负。
合格 60—74分	较好完成传球、运球、投篮、防守、抢篮板球等技术动作及突分、策应、协防等攻防战术配合，比赛中敢于临场执裁，能够识别一般性的犯规与违例，每学期观看篮球比赛次数不少于8次，比赛中体能校好、反应较快等行为中的4个要素。	能够参与篮球比赛，每周能够参与最少一次的课外篮球运动；篮球比赛时基本能够保持情绪稳定，可以与同伴交流沟通；对于比赛的对抗等不产生抗拒。	勇敢顽强，具有一定的抗挫折能力；诚信自律，具有一定的规则意识；尊重裁判、尊重同伴、尊重对手，具有一定的团队意识和正确的胜负观。

（二）评分标准

为了更好地判断学生的学习效果，评估学生经过篮球运动大单元学习后核心素养的发展水平，检验大单元学习目标的达成度。水平四篮球运动大单元教学的体能测试与每年度的体质健康测试结合，占比30%，重视体能也考虑到引导学生对于初中学业水平体育中考的重视。其余70%为体育展示与比赛，考试形式以三对三篮球比赛中学生的具体表现为评分依据，见综合评价表。其中运动能力占比30%，健康行为占比20%，体育品德占比20%；旨在促进学生的全面发展。如表4-13所示。

表4-13　水平五篮球运动大单元教学分值权重表

核心素养	体能（30%）	体育展示与比赛		
		运动能力（30%）	健康行为（20%）	体育品德（20%）
分值	30分	30分	20分	20分

五、课时计划具体案例与分析

本课以落实立德树人为根本任务，坚持"健康第一"的教育理念，以促进学生的体育核心素养发展为中心，结合篮球的项目特点进行总体设计；通过结构化知识与技能整体学习规划，设计多种教学情境，并充分考虑情境学习的关联与进阶性。在水平四整体学习目标引领下，进行教材内容选编。能考虑到学生的个体差异，采用多种组织形式与教学方法，为学生参与篮球技能学、练、赛一体化教学搭建学习平台，以兴趣激发学习内驱力，在技能学习与实践比赛中促进运动能力的提升、体育品德的形成。

（一）教材分析

篮球技能具有趣味性与观赏性，技术动作多种多样。篮球传球是学生最喜欢展示的篮球技术之一，也能体现学生快速转移球能力，通过传球可以快速摆脱对手的防守，给同伴创设进攻机会。为了提高学生的整体配合能力，本课时设计通过假动作无球摆脱、快速切入、及时传球等建立联系，促进学生强化团队配合。此外，从防持球队员运球突破到紧逼防守下摆脱接应，并根据实际情况选择进攻机会，逐步让学生在不同情境中使用及提升传切配合的默契度。

（二）学情分析

本次课的授课对象为初二年级学生，男生22名，女生20名，共计42名学生。他们正处于身体发育的高峰期，学习能力强、反应快、模仿能力强与好胜心强，同时勇于克服困难，是心理认知及运动技能、技战术形成的重点时期。经过前面的篮球课程学习，掌握篮球的运球、传球、投篮等基本技能，学会在简单的比赛情境中处理球的综合能力。总体而言，大部分男生和部分女生喜欢篮球，参与活动积极性强；有少数女生的篮球基础较弱，缺乏参与篮球比赛的信心。

（三）教学目标

详见课时计划具体案例。

（四）教学重难点

详见课时计划具体案例。

（五）课时计划案例设计

表4-14　篮球传球之实用探究课时计划

主题名称	篮球传球之实用探究	单元课次	8	年级	8年级	人数	42人
学习目标	1.运动能力：探究并理解传球在比赛中的运用，基本掌握不同方式的运传接球技术，能够在创设的教学情境中完成不同方式的传接球任务，提升篮球传球的运用能力；通过体能练习促进核心力量及上肢力量的发展。 2.健康行为：通过篮球游戏与展示活动，引导积极参与篮球运动；学会通过参与篮球运动调适心理，在成功体验中形成逐步良好的锻炼习惯。 3.体育品德：通过篮球游戏，形成公平公正的规则意识，在各种竞赛中体现出主动克服困难的精神和品格，学会团体合作，并能在练习中体现出团队精神。						
主要教学内容	1.结构化运动知识和技能：原地运传结合——行进间运球与传球技术组合——分层体验：传球与跑位结合、行进间传接球与投篮组合技术——传切配合。 2.拓展练习：弹力带抗阻练习（上举、抬腿、收腿、牵拉跑）。 3.比赛或展示：三对三比赛。						
重难点	学生学习	积极参与各种不同情境的传接球及组合练习，提高不同情境下传球的技能。					
	教学内容	学会观察判断防守位置，合理选择传球的时机及方法。					
	教学组织	采用小组合作学习与分层探究学习结合。					
	教学方法	讲解示范、主题教学法、比赛法。					

续表

安全保障	检查场地，消除不安全因素，准备活动充分及场地设计合理，学生思想重视。		场地器材	一体机一部，篮球43个，雪糕桶20个，飞碟20个。		
课的结构（总时长）	具体教学内容	教与学的方法	组织形式		运动负荷	
					时间（分钟）	强度（次/分钟）
开始部分（或激趣导学）3分钟	课堂常规： 1.体委整队、检查人数 2.师生问好 3.安排见习生 4.宣布本次课学习目标、内容 5.视频导入（NBA传球集锦）	教师： 1.提出课的学习目标、内容及要求，安排见习生。 2.根据视频内容，引导学生传球，让学生意识到篮球比赛的重要性及观赏性。 学生： 3.体委集合整队，学生精神饱满、集合快、静、齐。 4.思考并理解传球的手法及时机。 评价：能够指出所用的传球手法及简单地介绍动作要点。	四列横队站立 体委整理队伍			75±5
准备部分（或增趣促学）4分钟	1.动态热身 （1）全蹲走低运球 （2）胯下8字绕球 （3）持球侧压腿+后转身 （4）后踢腿运球 （5）高抬腿运球 2.滑步练习 （1）滑步+后转身 （2）滑步对传球	1.教师：主要针对学生的动作幅度、力度、完成度进行提醒。 学生：在骨干学生带领下，依次沿运动路线高质量完成动作。 2.教师：语言提示、提动作要求、进行评价。 学生：保持重心平稳，滑步迅速；脚内	学生四路纵队从底线出发，进行各种动态热身		3	120±5

续　表

课的结构（总时长）	具体教学内容	教与学的方法	组织形式	运动负荷	
				时间（分钟）	强度（次/分钟）
准备部分（或增趣促学）4分钟		侧用力，两脚不并步及交叉。评价：人球合一，尽量在热身活动时控制球，球不离手。			
基本部分（或素养提升）30分钟	1.原地运传结合（1）体侧运球+传球（2）体前变向运球+传球（3）胯下运球+单手传球（4）防守下运传结合	教师：1.情境描述及问题导向，指导学生分组练习。2.要求学生虚拟防守队员位置，在运球中快速、准确把球传给同伴。3.巡回指导，评价引导及鼓励学生。4.引导并组织进行实战练习，二传一防。学生：1.两人一组间距三米进行合作运传球练习。2.大胆尝试，能根据平时比赛中遇到防守情况进行摆脱传球，传球快、准、隐蔽。3.每种运传结合练习左右手各完成5次。4.尝试在防守下完成3次成功传球。评价：能够根据防守的站位判断并选择传球手法。	1.分组练习，由各小组长指挥练习	3	145±5

169

课的结构（总时长）	具体教学内容	教与学的方法	组织形式	运动负荷	
				时间（分钟）	强度（次/分钟）
基本部分（或素养提升）30分钟	2.行进间运球与传球技术组合 （1）行进间运球急停与传接球组合。 （2）行进间变向运球与传接球结合。	教师： 1.引导学生根据实战情境，进一步提高行进间传球的运用能力。 2.每组四人分成两个小组，进行不同手法的运传结合练习。 3.注意强调传球的预判性，使学生能够让同伴接球后迅速完成下一动作。 学生： 1.四人一组，如右图站位，进行合作练习。 2.运球至标志桶前观察接球者位置，使用恰当的传球手法，快速、准确传球给同伴；传球后滑步回边线，接球后快速运球手递球给边线同伴。 3.完成10次行进间传接球练习。 评价：在行进间快速准确完成传球给接应同伴。	2.分组练习。每小组2人；可就近调整对手 	3	140±5
				6	150±5
	3.分层探究学习 （1）传球与跑位结合。	教师： 1.根据不同层次的学生分别给予任务，使学生在分别不同情境主题的学习中增强传接球能力及跑位等意识。	3.分场地分层探究学习 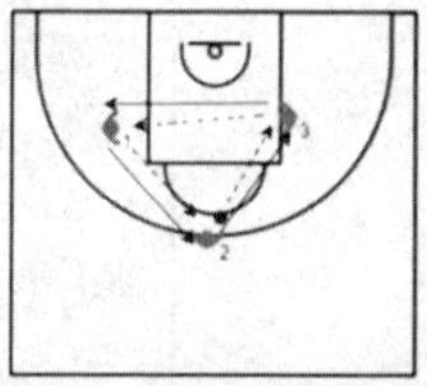		160±5

课的结构（总时长）	具体教学内容	教与学的方法	组织形式	运动负荷	
				时间（分钟）	强度（次/分钟）
基本部分（或素养提升）30分钟	（2）行进间传接球与投篮组合技术。（3）简单传切配合。	2.按照学生能力水平分成三组进行不同任务探究学习，传跑结合、传投结合及简单传切配合。学生：学生分成三组，根据教师布置的任务，进行探究练习及展示。1.两人在进行行进间传、接球练习时，应呼喊对方，加强交流。2.体会配合过程中传球的方法，初步掌握配合的位置、时间、路线与方法，体验进攻配合的乐趣。评价：能够在相对复杂的情境中判断同伴的跑位及对手防守选择并完成传球。		7	160±5
	4.展示或比赛三对三	教师：比赛法，说明比赛规则，要求必须每人完成一次传接球后才能够进攻。学生：按照规则进行比赛，进攻得分3分后，轮换对手。评价：遵守比赛规则，能用传切配合完成进攻。	4.分组练习，由小组长指挥练习		

课的结构（总时长）	具体教学内容	教与学的方法	组织形式	运动负荷	
				时间（分钟）	强度（次/分钟）
基本部分（或素养提升）30分钟	5.拓展练习（1）抗阻练习——上举（2）抗阻练习——抬腿（3）抗阻练习——收腿（4）抗阻练习——牵拉跑	教师：1.讲解及示范不同练习方法。2.组织学生进行学练及动作互评。3.提醒学生可根据自己能力选择弹力带，要求练习动作到位。学生：1.小组长指挥分组学练，根据教师要求时间及动作规格进行练习。2.根据老师提示和小组长的安排，有序进行认真练习，每小组完成之后轮换到下一组练习。3.分四组进行轮换练习，总共练习两组。	5.分组轮换练习，教师统一指挥，小组长带队轮换 体能练习，每小组1分钟练习，间歇30秒轮转，重复2组	7	
结束部分（或放松恢复）3分钟	1.放松活动手臂、上肢、下肢静态拉伸。 2.小结本课（1）本课任务完成情况。（2）课堂组织纪律情况。	1.教师：讲解示范，语言提示，领做。学生：身心放松，尽量最大限度地进行拉伸尺度。2.教师：总结，评价本节课完成情况。学生：认真听教师总结，课后进行自我评价。	𝝅𝝅𝝅𝝅𝝅𝝅 𝝅𝝅𝝅𝝅𝝅𝝅 𝝅𝝅𝝅𝝅𝝅𝝅 𝝅𝝅𝝅𝝅𝝅𝝅 ★ 四列横队站立	2	120±5

续 表

课的结构（总时长）	具体教学内容	教与学的方法	组织形式	运动负荷	
				时间（分钟）	强度（次/分钟）
结束部分（或放松恢复）3分钟	3.下课，师生道别，归还器材。	3.教师：布置课后作业，安排回收器材。学生：完成课后作业，协助回收器材。			
预计负荷	平均心率	150±5			
	运动密度	80±5			
体育家庭作业	了解篮球场各种线及作用，保加利亚蹲15/组*3，俯卧撑（10—15）/组*3				
课后反思	通过激趣导入及反应游戏能有效激发学生的学习兴趣，并形成较好规则意识；教学中，以任务为驱动引导学生组织探究传球与运球结合的运用，并设计主题教学情境，让学生通过分层学习传接球在基本配合及实际比赛场景中的运用，促就勤练的空间，提高篮球综合能力；在各种活动展示及比赛中体现出主动克服困难的精神和品格，学会团体合作，并能在练习中体现出团队精神。此外，采用多种教学组织形式与评价方法，有效提高课堂教学效率。通过本节课，学生明显地表现出对于防守意识的淡薄与不感兴趣，这与学生对于篮球运动的理解有关，应该通过理论知识的灌输，理解篮球比赛中不同位置的分工与合作，培养学生的集体意识。此外，体能练习方面，学生的练习强度还是达不到要求。总体而言，整节课完成度较高，学生基本能够掌握传球技术及强化实战运用，通过测试学生的平均心率达到150±5；总体运动密度达到80%，能有效提升学生的篮球素养及体能发展。				

第五节　水平五篮球模块教学设计与案例

经过义务教育阶段的篮球运动教学，学生基本了解了篮球运动的知识及文化，基本掌握了解篮球的基本技术及技术组合动作，并学会简单的技战术配合，能够通过移动寻找或团队配合创设空位获得进攻机会。高中阶段的篮球运动教学基于前面学习的延伸进行进阶设计，也应考虑到不同学校的篮球运动教学进度，从学生的实际情况分层设计。教学设计更重视提高学生对于比赛的阅读能力，能够选择适合自己的位置，熟练技能运用，提高比赛的应变能力。此外，应该学会自我诊断及规划学习，熟悉掌握篮球比赛规则，能组织比赛并胜任参与比赛各种角色，根据学业质量的水平五篮球模块学习要求设计评价。

一、水平五篮球模块教学的具体实施

水平五篮球模块教学设计在水平四篮球运动学习的基础上，以"移动造成局部多打少创设进攻机会"为主题，根据本模块的主要学习任务，基于学生篮球比赛关键能力的提升，围绕学生运动能力提高、健康行为形成、发展体育品德三个方面，结合篮球项目的特点，从"阅读比赛并对不同攻防情况做出快速反应""紧逼防守下的全场攻防""不同区域联防的攻防应用"等主题进行教学设计。通过本模块的学习，能加强学生对比赛的理解，掌握自我运动诊断及提高篮球技能，学会在比赛中形成规则意识的品格、勇于拼搏的体育精神，通过领略集体配合提升团队精神。

二、水平五篮球模块教学设计案例

篮球模块以落实立德树人为根本任务，坚持"健康第一"的教育理念，关注学生差异性发展为引领。根据篮球运动技能形成规律和学生身心发展规律，结合篮球项目的特点进行总体设计；以知识结构化对教学内容进行设计，确立不对等情况下的快速攻防、全场快速攻防转换、区域联防的攻防等情境主题教学，采用合作学习与探究学习结合，帮助学生理解与掌握篮球运动的知识与技能，使学生通过篮球学练提高自我、突破自我。此外，引入篮球赛季，让学生在真实的比赛情境中促进运动能力的提升、健康行为的养成和体育品德的锤炼。

（一）模块教学设计

1. 水平五学情分析

（1）身心特点。

到了高中阶段，学生心理发生明显变化，重视同伴之间的友谊，更不喜欢参加集体活动。伴随着独立意识的觉醒，学生的情感也越来越丰富，充满了青春的热情，对未来生活有美好的憧憬，但容易出现情绪波动，有时会出现盲目的狂热、急躁与冲动。高中生正处在脱离父母的心理"断乳期"，随着身体的迅速发育、自我意识的明显增强、独立思考和处理事务能力的发展，在心理和行为上表现出强烈的自主性，是人生观、价值观形成的关键期。

男生处于第二次生长发育的关键时期，身高、体重以及性征等方面都呈现快速增长；性格逐渐独立，开始形成自我认知和价值观，开始追求自我价值和个性发展；对事物有强烈的好奇心，兴趣广泛，喜欢尝试不同的活动和领域，从中发掘自己的爱好和潜力；比较追求自由和独立。女生发育已经基本完成；相对于男生，女生显得更为含蓄，更喜欢小组合作学习，特别是友伴型组合，更能调动她们的学习积极性。

（2）学习基础。

经过义务阶段的学习，学生能够了解篮球的基本知识及简单的裁判规则，在比赛中能够运用运球突破、运球传球等组合技术创造投篮机会，能够运用掩

护、突分等基本进攻配合进行五对五的攻防。但缺乏阅读比赛的能力，对于个人篮球技能怎样融入团队配合缺乏足够的判断经验。

（3）学习能力。

水平五学生的认知与自主学习能力提升迅速，能够分析自己的技术缺陷，并主动寻找提高途径；注意力集中，稳定性相对增强；思维方式从形象思维向抽象思维逐步过渡，但全面性与分析能力不强；懂得通过自我诊断提升规划，主动探究技能运用问题，根据自身特点发展自己的技术风格。

2. 设计思路

水平五篮球模块教学设计基于学生的篮球基础与身心特点，以不对等情况下的快速攻防、全场攻防转换、区域联防的攻防为主要任务进行结构化设计，旨在让学生在真实的情境进行篮球技能学习，在全场比赛中提高对篮球的阅读能力，形成自己的技术风格，提高运动能力；通过篮球比赛体验、认同促使学生的体育与健康生活方式形成及促进学生的体育品德养成。

水平五篮球模块教学以"移动造成局部多打少创设进攻机会"为学习任务，通过各种不对等教学情境的创设，让学生掌握通过快速移动、团队配合等利用时间差造成短时间的局部人数优势创设进攻机会，逐步提高个人进攻与团队配合的融合。以全场快速攻防转换、区域联防的攻防为学习任务，旨在通过整体传导球及全队配合，学会根据不同防守阵型，发现进攻空间或通过整体配合造成局部多打少的进攻机会，提高团队配合能力及团队精神。

水平五篮球模块教学通过创设篮球赛季，让学生通过课堂教学中"教会、勤练"，提高篮球技能。同时，通过"常赛"体验篮球运动的魅力，检验自己篮球技能的水平。引进篮球赛季，可以帮助学生通过比赛形成遵守规则、尊重裁判及团队合作的体育品德。通过篮球赛季，学生以多种角色参与比赛的各项组织及工作，能够利用自己所学知识，营造赛事的文化氛围，在实践中提高组织能力，学会与人沟通交流，培养社会适应能力，全方位提升学生的核心素养。

体能练习根据学生的发展敏感期进行设置，考虑到水平五学生对力量练习的追求，水平五的体能发展也相应地进行分层设置，内容设置体现出多样性、趣味性、补偿性与整合性；更鼓励学生基于自身特点进行诊断与提升；根据阶段性的发展主题任务，持续进行部分项目的体能练习，促进专项体能的提高。

　　水平五篮球模块的教学实施，能有效促进学生技术风格的形成，提高对篮球运动的理解，让学生的能力在真实情境教学中得到充分发展，如图4-5所示。

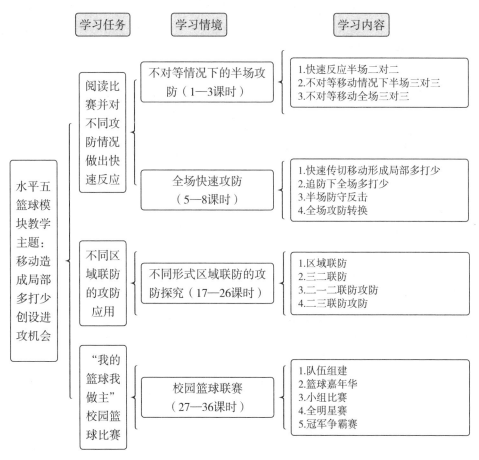

图4-5　水平五篮球模块教学设计框架图

（二）水平五篮球模块教学设计案例

表4-15　水平五篮球模块教学设计案例

学习目标	1.运动能力：能掌握一般篮球理论知识，能够在真实的教学实践中进行各种运传球、投篮组合练习，面对不同防守方式选择恰当的投篮手法，提高命中率；掌握快速攻防及了解五对五比赛攻防战术；通过篮球运动发展上下肢力量及速度、耐力，提高对抗能力；了解五对五篮球比赛的基本知识与裁判规则，学会观赏篮球项目的国内外重要体育赛事。

学习目标	2.健康行为：积极参与篮球运动，能够了解篮球运动对健康行为的影响作用，有规划地参与体育锻炼，在参与篮球比赛中学会交流与沟通，能适应不同的比赛情境；懂得通过篮球运动锻炼控制情绪、调适心理。 3.体育品德：能理解篮球运动对培养体育品德的作用，在参与篮球比赛中表现出迎难而上、敢于担当的精神和品格，学会尊重对手，培养公平竞争的体育道德，形成一定的团队精神。		
主要教学内容	1.基本知识和基本技能：五对五篮球比赛知识与裁判规则，常见篮球运动损伤应急处理，运球、传接球、持球突破与投篮结合组合动作。 2.技战术运用：不同情境下投篮练习，突分、掩护、传切、策应等基本配合结合运用于复杂比赛情境，对应于基本进攻配合的协防及换防等防守策略，五对五的攻防战术。 3.体能：上、下肢力量练习、核心力量、速度耐力、对抗性力量练习。 4.展示与比赛：三对三、五对五比赛。 5.规则与裁判方法：篮球比赛规则（三人制、五人制比赛方法）裁判方法及临场裁判。 6.观赏与评价：参与班级、年级的篮球比赛，学会分析自我及他人的技术运用能力，观赏8次以上国际篮球比赛或CBA篮球赛事并进行点评。		
重难点	学生学习	学会快速攻防中阅读比赛，判断选择进攻方式，提高对篮球比赛的理解。	
	教学内容	理解团队配合，能促进个人技术运用与团队配合相辅相成。	
	教学组织	自主学习、分组分层学练、小组合作探究。	
	教学方法	讲解示范、多媒体教学、情境教学、比赛法。	
课时	学习目标	主要教学内容	教学组织与方法
1	运动能力：提高控球能力，能够同步进行运球与传球接，提高反应能力；通过体能练习强化动作频率，提高移动速度。	1.结构化知识与技能：快速反应抢占先机 （1）快速反应游戏。 （2）听信号抢球快打。 （3）快速反应多打少。	1.两人一组散点练习：教师巡回指导及发出信号。 听信号抢球快打，教师巡视指导，评价纠错。 分组合作学习：骨干学生发信号，边线队员听信号反应启动。 小组合作学习：半场二打二。

续 表

课时	学习目标	主要教学内容	教学组织与方法
1	健康行为：专注于学习，能够根据活动即时情况做出反应，提高应变能力。 体育品德：通过篮球比赛能了解篮球比赛的角色与责任，能够自信应对变化，迎难而上。	 2.体能练习 （1）端线做快速前后跳 （2）碎步 （3）交叉步等听信号加速跑至中线。 3.展示或比赛：二对二快速攻防	2.分组轮换练习：教师评价鼓励，控制组间休息时间。 3.分小组进行，要求完成一次进攻后，防守转进攻，进攻转轮换，轮换组防守，依次轮换。
2	运动能力：基本掌握运、传球同步练习，提高专注力，发展单手传球能力；快速移动抢占先机，判断进攻（防守）策略；通过体能提高学生的移动速度及灵敏性。 健康行为：积极参与活动，能够根据活动即时情况做出反应，提高应变能力。 体育品德：通过篮球比赛能了解篮球比赛的角色与责任，能够自信应对变化，迎难而上。	1.结构化知识与技能：快速判断，抢占进攻先机 （1）打板接龙。 （2）快速反应形成单打对抗。 （3）快速反应半场二对二。 2.体能练习 （1）绳梯各种快速移动步法练习 （2）俯卧撑 （3）平板支撑 （4）跳小栏架 3.展示或比赛：二对二全场攻防	1.小组合作练习，合力完成20次打板；教师巡视、评价。 分组进行，组长指挥。 教师巡视，个别辅导。 分组探究学习，教师巡视指导。 2.分组练习，教师巡视指导。 3.分组轮换练习，要求全场盯人。

续 表

课时	学习目标	主要教学内容	教学组织与方法
3	运动能力：通过练习培养专注能力与快速反应，学会在复杂情境中选择进攻（防守）策略；通过体能提高学生的移动速度及弹跳能力。 健康行为：主动参与活动，能够在团队活动中考虑到队友的实际能力，并能够帮助同伴，提高交流能力。 体育品德：通过篮球运动提高团队意识，在比赛中展现自信与果敢。	1.结构化知识与技能：快速反应发动快攻 （1）打板接龙。 （2）快速反应半场三对三。 （3）全场的三对三防守反击。 2.体能练习 （1）俯卧撑 （2）波比跳 （3）登山跑 （4）平板支撑 3.展示或比赛：全场三对三攻防比赛（连续轮换）	1.分小组进行，成功完成连续20次打板。 分小组探究学习，半场快速攻防跑位配合。 小组长指挥练习，面对持球队员的防守队员须跑回底线才能参与防守。 教师引导学生根据场上变化做出相应的攻防决策。 2.分组轮换练习，教师评价鼓励。 3.攻防转换：防守抢板后发动快攻，进攻者转防守积极进行半场逼抢。
4	运动能力：互相模仿练习，提高学生反应能力；培养快攻意识，抢篮板后能够第一时间发动有效快攻。 健康行为：学会安全参与篮球运动的知识，在比赛中能够保持良好、稳定的情绪。 体育品德：通过篮球比赛学会遵守规则意识，在比赛中表现出	1.结构化知识与技能：长传快攻撕裂对方防守 （1）相对运球，模仿动作。 （2）限制区内交叉跑动接球快速投篮。 （3）长传快攻（外线传内线投篮后跑快攻，内线队员投篮后自抢板长传给外线队员进攻）。 2.体能练习 （1）抗阻滑步 （2）抗阻冲刺跑 （3）抗阻抬腿 （4）抗阻臂屈伸	1.分组练习：小组长组织，相对快速运球，并模仿其中某一位的动作（轮流）。 分组进行合作练习，内外线分工完成抢板并发动快攻。 2.分组练习：由小组长组织练习抗阻滑步、冲刺跑等。

课时	学习目标	主要教学内容	教学组织与方法
4	尊重对手的文明行为。	3.展示或比赛：三对三全场攻防	3.分组对抗：要求进攻后快速转入防守进行半场紧逼防守。
5	运动能力：学习传接应及快速前插形成快攻配合，培养争抢篮板球后马上发动快攻的意识；通过一般体能练习，发展学生上下肢力量。 健康行为：比赛中学会与同伴交流，能够适应各种复杂比赛情境。 体育品德：在篮球比赛中，敢于挑战，能够承担不同角色责任，培养迎难而上的意志品格。	1.结构化知识与技能：快速传接球形成局部多打少进攻机会 （1）两人全场传接球上篮。 （2）全场快攻二打一。 （3）全场快攻二打一追防。 2.体能练习 （1）手持杠铃快推 （2）跳小栏架 （3）支撑横移 （4）计时跳绳 3.展示或比赛：三对三全场攻防	1.两人一组合作练习：按教师要求全场传球次数体验不同次数传球节奏变化；学会在快速移动中吸引防守为同伴创设进攻机会；防守者在少防多情况下应变。 2.站点式分组轮换练习：小组长指挥练习，教师评价鼓励。 3.比赛法：分组对抗，要求进攻后进行半场紧逼防守。
6	运动能力：基本掌握快速传切接应配合，在快攻追防中提高学生的进攻效率及培养防守应变能力；通过体能练习发展学生上下肢及核心力量。 健康行为：积极参与小组篮球练习，比赛中学会与同伴交流，能够适应各种复杂的比赛情境。 体育品德：在篮球比赛中表现出敢于挑战困难的精神，能够遵守规则，信任及尊重同伴，能正确面对比赛胜负。	1.结构化知识与技能：快速传切移动形成局部多打少 （1）行进间传接球投篮。 （2）半场小8字传接球至中场转二对一。 （3）3人半场8字传球+三对二。 2.体能练习 （1）臀桥 （2）螃蟹爬行 （3）波比跳 （4）俄罗斯转体 3.展示或比赛：三对三全场攻防	1.三人一组轮换练习：教师讲解引导，小组探究学习：多打少中防守者不同站位的进攻方式；学会在快速移动中吸引防守为同伴创设进攻机会；防守者在少防多情况下应变。 2.小组轮换练习：组长指挥，教师巡视指导，要求数量及质量均能达到要求。 3.比赛法：分组对抗，要求进攻后进行半场紧逼防守。

课时	学习目标	主要教学内容	教学组织与方法
7	运动能力：能够利用掩护创设投篮机会；强化攻防转换及提高短时间多打少的机会把握能力，通过练习促进灵敏性，增强心肺功能。 健康行为：比赛中学会与同伴交流，能够适应各种复杂比赛情境。 体育品德：在篮球比赛中，敢于挑战困难，信任及尊重同伴，正确面对胜负。	1.结构化知识与技能：攻防转换下形成全场快攻 （1）2人掩护投篮练习。 （2）二对二利用掩护攻防。 （3）半场二对二+防守转快攻二对一加一追防。 2.体能练习 （1）计时跳绳 （2）熊爬 （3）俯卧撑 （4）纵跳摸高 3.展示或比赛：二对二+快攻	1.四人一组探究学习：探讨不同防守下掩护配合；探究学习半场二对二攻防及防守反击快攻、快攻多打少等多种情况提高学生的应变能力。 2.分组轮换练习：小组长指挥练习，要求数量及质量均能达到要求后轮换；教师巡视辅导学生。 3.比赛法：分组对抗，要求进攻后进行半场紧逼防守防止对方快攻。
8	运动能力：基本掌握高位策应与无球掩护结合，创设投篮机会；强化半场攻防转换，增强快攻意识；通过体能练习，促进学生核心、爆发力及灵敏性等专项素质。 健康行为：比赛中学会与同伴交流，能够适应各种复杂的比赛情境。 体育品德：在篮球比赛中，敢于挑战困难，信任及尊重同伴，正确理解胜负。	1.结构化知识与技能：三对三半场攻防转快速反击 （1）高位策应投篮练习。 （2）半场三对三攻防。 （3）半场三对三攻防转换转快攻三对二加追防。 2.体能练习 （1）动态平板支撑 （2）熊爬 （3）绳梯脚步练习 （4）连续跳小栏架 3.展示或比赛：全场三对三攻防	1.小组合作学习：六人一组分组探究学习高位策应及外线队员传切或掩护配合；半场三对三攻防转快攻，教师巡视指导，评价与鼓励。 2.分组轮换练习：小组长根据教师要求组织同伴练习，教师巡视，并进行个别辅导。 3.比赛法：分组对抗，防守后迅速接应篮板，通过传接球形成快攻。
9	运动能力：能够利用移动方向、节奏变化摆脱防守；提高对抗能力；通过体能练习，提高学生滑步稳定性及下肢力量。	1.结构化知识与技能：摆脱盯人防守接应创设进攻机会 （1）摆脱接应进攻。 （2）二对二掩护摆脱盯人防守接应进攻。	1.自主学习：两人一组分组探究学习摆脱技术；能够根据自身特点摆脱防守；小组合作探究三对三对抗练习，通过摆脱接应创造进攻机会；教师巡视指导，要求尽量贴身防守。

续　表

课时	学习目标	主要教学内容	教学组织与方法
9	健康行为：积极参与活动，比赛中理解同伴的行为，积极进行沟通与交流，在与对手发生身体对抗后能较好控制情绪。 体育品德：在篮球比赛中，敢于挑战困难，体现出自信，能够信任及尊重同伴，正确理解比赛的胜负，表现出较好的文明礼仪。	（3）半场三对三盯人攻防。 2.体能练习 （1）抗阻滑步 （2）拉弹力带单腿高抬 （3）拉弹力带快速冲刺15米 （4）拉弹力带手臂上举 3.展示或者比赛：半场三对三	2.分组轮换练习：小组长指挥同伴练习，能够按照老师的要求高质量完成动作；学生可根据自己的实际选择不同磅数的弹力带。 3.比赛法：分组对抗练习，要求进攻得一分后防守方进行轮换。
10	运动能力：初步了解盯人防守及掌握有球、无球球员的盯防方法；通过体能练习发展学生上下肢力量，提高篮球比赛中身体对抗能力。 健康行为：能主动地参与篮球运动，学会与同伴就比赛中出现的问题进行沟通，表现出较好的适应能力。 体育品德：在比赛中能够迎难而上，敢于挑战自我；能遵守比赛规则，尊重及信任同伴，能正确对待比赛的胜负。	1.结构化知识与技能：摆脱紧逼接球创设进攻空间 （1）行进间各种传接球投篮。 （2）摆脱接球突破上篮或分球。 （3）半场三对三盯人攻防。 2.体能练习 （1）保护下轻器械半蹲 （2）轻器械快速推举 （3）负重弓步走 （4）跳小栏架 3.展示或者比赛：全场三对三	1.小组合作练习：四人一组分组探究盯人防守及摆脱接应；能够持续给予持球者防守压力；对突破者进行夹击。半场攻防采用盯人防守，强侧盯防，弱侧回收。教师巡视指导，要求尽量贴身防守。 2.小组合作练习：小组长指挥分层进行不同负重练习。教师巡回指导，纠正动作。 3.比赛法：分组对抗练习，要求采用盯人防守，干扰持球者运球或组织。
11	运动能力：初步了解盯人防守及掌握强弱侧防守方法，加强对持球者的干扰与打断有效组织；通过体能	1.结构化知识与技能：利用球场边角进行包夹防守 （1）半场传接球攻防。 （2）连续传切配合。	1.分组游戏：通过游戏逐步养成防守时人球兼顾，学会盯人防守切断传球路线；分层探究学习进攻方利用连续传切扰乱防守阵型，创设进攻机会。

续 表

课时	学习目标	主要教学内容	教学组织与方法
11	发展学生的有氧耐力，促进心肺功能发展。 健康行为：学会科学锻炼方法，能预防运动损伤，对抗练习中保持情绪稳定，规范技术动作。 体育品德：在比赛中敢于对抗，表现出自信与担当，能正确对待比赛胜负。	（3）四对四盯人防守模拟练习。 2.体能练习 （1）莱格尔跑 （2）肩关节拉伸 （3）侧桥 （4）体前屈 3.展示或者比赛：半场四对四	小组合作练习：加强持球者防守、赶边包夹，弱侧防传球。 2.分组练习：由小组长指挥练习，教师鼓励提醒学生尽量跟着音乐节奏：跑步后进行行进间肩关节拉伸；减缓心率，再练习侧桥与体前屈。 3.比赛法：分层进行，采用盯人防守。
12	运动能力：初步掌握运球掩护、三人8字掩护等尝试进攻盯人防守；通过体能练习，发展学生的上肢、核心力量及灵敏性，提高对抗时技术动作的稳定性。 健康行为：学会科学锻炼方法，能预防运动损伤；比赛中能够加强交流，提升合作能力。 体育品德：在比赛中敢于对抗，表现出自信与担当，能够正确对待胜负。	1.结构化知识与技能：通过同伴掩护破盯人防守 （1）掩护投篮。 （2）三人一组运球掩护突破投篮（分球）。 （3）四对四模拟攻防（掩护、突破）。 2.体能练习 （1）熊爬 （2）绳梯脚步练习 （3）快速俯卧撑 （4）保加利亚蹲 3.展示或者比赛：半场四对四	1.自主练习：提高配合下投篮能力。 分组探究：运球掩护及反跑进攻盯人防守。 分层小组合作练习：加强持球者防守，弱侧防传球。 2.分组练习：小组长指挥进行轮换练习。教师巡视评价，个别辅导。 3.比赛法：分层进行，采用盯人防守。
13	运动能力：能采用跨步及碎步等快速移动防守持球队员；加强强弱侧之间的轮转与合作；发展学生的核心力量、速度、耐力等体能，保持比赛技术动作的稳定性。	1.结构化知识与技能：弱侧轮转补位保持对持球压迫防守 （1）两人一组半场攻防。 （2）四对四攻防。 （3）五对五模拟攻防。	1.小组合作练习：两人一组防守传球给三分线上进攻队员后积极上防。 分组探究：盯人防守中强弱侧的轮转及步法运用的探究。 分层练习：模拟比赛中，持球紧逼，一传严防，二传人球兼顾，加强持球者防守，弱侧防传球。

续表

课时	学习目标	主要教学内容	教学组织与方法
13	健康行为：主动参与篮球比赛；在比赛对抗中能够保持良好、稳定的情绪。 体育品德：在比赛中敢于对抗，表现出自信与担当，能够正确对待胜负。	2.体能练习 （1）臀桥 （2）侧桥 （3）体前屈 （4）四线折返跑 3.展示或者比赛：半场五对五模拟攻防	2.分组轮换练习：小组长指挥完成前面三项练习后，教师统一组织折返跑练习，鼓励学生尽量在规定时间完成每一组练习。 3.比赛法：分层进行，采用盯人防守。
14	运动能力：掌握无球掩护、传切等配合创设的进攻机会尝试破盯人防守；通过体能练习，发展学生的快速移动能力。 健康行为：在比赛中能够体现出积极参与，阳光开朗；对抗中能够保持良好、稳定的情绪。 体育品德：在比赛中积极参与集体配合，表现出尊重及信任同伴，培养团队精神。	1.结构化知识与技能：通过战术配合破盯人防守 （1）掩护后接球投篮。 （2）三人外线八字掩护后突破或分球给接应内线队员。 （3）五对五盯人防守模拟攻防（掩护、传切、突分）。 2.体能练习 （1）原地快速碎步 （2）原地四方跳+冲刺跑10米 （3）波比跳+冲刺跑10米 （4）背向前后跳+冲刺跑10米 3.展示或者比赛：半场五对五攻防	1.分组合作练习：小组长指挥，提高配合下投篮能力。 分组探究：盯人防守中强弱侧的轮转及步法运用的探究。 分层练习：探究如何通过学习过的基本进攻配合破盯人防守。 2.分组轮换练习：教师鼓励提醒移动节奏；同组骨干学生发信号进行加速跑。 3.比赛法：分层进行，采用盯人防守。探究利用掩护、传切、突分等战术组合创设进攻机会。
15	运动能力：能通过快速移动、轮换或跟进盯防，加强对掩护进攻的防守，保持整体防守的强度；通过快攻练习提高学生的速度耐力；不同关节拉伸发展学生的柔韧性。	1.结构化知识与技能：掩护创设进攻空间破全场盯人防守 （1）掩护下投篮练习。 （2）无球掩护攻防。 （3）半场五对五攻防。	1.小组合作练习提高投篮能力。 分组探究：小组长组织进行内外线掩护，弱侧掩护等创设进攻机会。 分组分层练习：五对五进行半场盯人攻防练习，学会轮转防守。

续 表

课时	学习目标	主要教学内容	教学组织与方法
15	健康行为：主动参与篮球比赛；在比赛对抗中能够保持良好、稳定的情绪，懂得主动跟同伴交流。 体育品德：在比赛中敢于对抗，表现出自信与担当，包容同伴的失误，学会相互鼓励。	2.体能练习 （1）两人全场快攻练习 （2）绳梯脚步练习 （3）肩关节柔韧 （4）屈膝髋外展 3.展示或者比赛：五对五全场比赛	2.分组练习：骨干学生指挥，按规定次数完成相关动作后进行轮换；教师巡视辅导。 3.比赛法：能够保持对持球队员的防守压力，利用球场边、角位置进行包夹。
16	运动能力：了解盯人防守的要点，学会在比赛中寻找防守的薄弱点，能够突破、掩护等战术配合创设投篮机会；通过三人快攻练习，发展学生的速度、耐力，提高持续比赛能力。 健康行为：积极参与防守；加强与同伴交流合作，促进相互协作，比赛中能够保持情绪稳定。 体育品德：学会遵守规则，尊重对手，信任队友，能够共同面对挑战，培养团队精神。	1.结构化知识与技能：夹击防守下快速转移球给同伴创设进攻机会 （1）快速移动中接球投篮。 （2）突破受夹击传球给弱侧同伴投篮。 （3）半场五对五攻防。 2.体能练习 （1）俯卧撑练习 （2）绳梯脚步练习 （3）螃蟹步爬行 （4）连续纵跳摸高 3.展示或者比赛：五对五全场比赛	1.小组合作练习：自主练习溜底、空切等情况下接球投篮；教师讲解示范。 分组探究：突破受夹击通过传球转移球进攻方法。教师讲解示范，个别辅导。 分层练习：五对五攻防练习，学会夹击及强弱侧轮转防守。 2.分组练习：骨干学生指挥，按规定次数完成相关动作。 3.比赛法：防守采用半场盯人防守；进攻能够通过摆脱、接应、突破或者各种掩护创设进攻。
17	运动能力：掌握滑步与跨步、后撤步等组合练习及运用；初步掌握区域联防；通过体能练习发展学生的灵敏性及核心力量，提高自我保护能力。	1.结构化知识与技能：了解及体验区域联防 （1）滑步加跨步组合练习。 （2）四人联防移动。 （3）四对四半场攻防。	1.小组合作练习：小组长指挥进行无球移动练习，探究区域联防的脚步移动。教师巡视、辅导。 分组探究：区域联防移动方法及不同位置防守的区域；教师讲解、示范。

续 表

课时	学习目标	主要教学内容	教学组织与方法
17	健康行为：主动参与篮球比赛；能够与同伴交流合作，提高练习积极性。 体育品德：比赛中遵守规则，互相信任，能够共同面对挑战，培养集体精神。	2.体能练习 （1）连续前滚翻、后滚翻 （2）躯干滚翻 （3）臀桥 （4）侧桥 3.展示或者比赛：半场五对五攻防	分层探究：分层练习，采用四人联防，探究对持球进攻点的协同防守。 2.分组练习：骨干学生指挥，按规定次数完成相关动作。 3.比赛法：采用区域联防，加强对持球点的区域协同防守。
18	运动能力：掌握滑步与跨步、后撤步等结合组合练习及运用；初步掌握二三区域联防防守战术；通过体能练习发展学生的上肢力量及跳跃能力。 健康行为：主动参与篮球比赛；加强与同伴交流合作，提高适应能力。 体育品德：学会遵守规则，活动中体现出互相信任，能够共同面对挑战。	1.结构化知识与技能：初步了解二三联防的移动与运用 （1）滑步加交叉步组合练习。 （2）二三联防无球移动。 （3）五对五半场模拟攻二三联防。 2.体能练习 （1）单脚、并脚跳小栏架 （2）高抬腿跑小栏架 （3）俯卧撑练习 （4）重球抛接 3.展示或者比赛：半场五对五攻防二三联防	1.小组练习：发展脚步移动速度，提高防守协同配合。 分组探究：如何通过二三联防突破及内线强攻。教师巡视、讲解、评价。 分层练习：五人一组进行实战模拟的联防移动。 2.分组练习：骨干学生指挥，按规定次数完成相关动作后，进行小组轮换。 3.比赛法：重点探究面对不同位置进攻，二三联防如何整体移动建立有效防守体系。
19	运动能力：能够针对二三联防阵型的弱点，设置相对应的进攻战术；通过体能练习，发展学生的快速移动能力及核心力量。 健康行为：积极参与防守；加强与同伴交流合作，促进相互协作。	1.结构化知识与技能：能够了解联防的薄弱点发动进攻 （1）行进间接应快速投篮。 （2）复习二三联防防守移动练习。 （3）模拟进攻二三联防（传切等移动形成局部多打少）。	1.分组练习：小组长组织练习，探究行进间接球投篮方法与运用；教师巡视、讲解。 合作练习：五人一组进行模拟情境的联防移动。 分组探究：利用二三防守阵型弱点寻求进攻机会。

课时	学习目标	主要教学内容	教学组织与方法
19	体育品德：学会遵守规则，活动中体现出互相信任，能够共同面对挑战。	2.体能练习 （1）抗阻滑步 （2）抗阻冲刺跑 （3）健身球平衡练习 （4）俯卧撑 3.展示或者比赛：半场五对五比赛	2.分组练习：骨干学生指挥，按规定次数完成相关动作后进行轮换。 3.比赛法：根据二三联防的弱点，通过移动创设局部多打少机会，发动进攻。
20	运动能力：初步掌握二一二区域联防防守战术，提高相邻防守队员的夹击能力；通过体能练习发展学生的跳跃及快速移动能力。 健康行为：遵守规则；在练习中能够应对各种复杂情境，提高适应能力。 体育品德：比赛中能互相信任，共同面对挑战，培养集体精神。	1.结构化知识与技能：初步了解二一二联防的移动与运用 （1）外线接球投篮。 （2）二一二联防移动。 （3）二一二联防半场模拟攻防。 2.体能练习 （1）连续跳跃摸高 （2）波比跳加冲刺跑10米 （3）绳梯脚步练习 （4）俄罗斯转体 3.展示或者比赛：半场五对五模拟攻防（二一二联防）	1.小组合作练习：外线接球投篮及抢篮板球；教师巡视指导。 分组探究：如何通过二一二联防防止突破及内线强攻。 分层练习：五人一组进行模拟情境的联防移动；教师讲解指导。 2.分组练习：教师讲解体能动作要求，小组长组织练习，按规定次数完成相关动作后轮换。 3.比赛法：重点探究面对不同位置进攻，二一二联防如何整体移动建立有效防守体系。
21	运动能力：能够针对二一二联防阵型的弱点，设置相对应的进攻战术；通过体能练习发展学生的灵敏性及快速移动能力。 健康行为：积极参与防守；加强与同伴交流合作，促进相互协作。 体育品德：学会遵守规则，活动中体现出互相信任，能够共同面对挑战。	1.结构化知识与技能：能够了解二一二联防的薄弱点发动进攻 （1）溜底线接球投篮。 （2）罚球线接应传球给底线或外线队员进攻。 （3）五对五模拟攻防。 2.体能练习 （1）各种绳梯步法练习 （2）轻器械推举 （3）保加利亚蹲 （4）跨步跳 3.展示或者比赛：半场进攻二一二联防	1.小组合作练习：探究进攻联防的基本进攻方法。 分组探究：针对二一二防守阵型弱点寻求进攻机会。 合作练习：模拟实战情境进行比赛；教师巡视指导。 2.分组练习：小组长指挥，按规定次数完成相关动作后进行轮换。 3.比赛法：根据二一二联防的弱点，通过移动创设局部多打少机会，发动进攻。

续 表

课时	学习目标	主要教学内容	教学组织与方法
22	运动能力：练习三二区域联防防守战术，增强整体防守的意识与能力；通过体能练习发展学生的上下肢力量，提高对抗能力。 健康行为：掌握科学锻炼方法；学会在篮球运动中应对各种复杂情境，提高适应能力。 体育品德：比赛中能互相信任，共同面对挑战，做到胜不骄败不馁。	1.结构化知识与技能：初步了解三二联防的移动与运用 （1）对底角接球夹击防守。 （2）罚球线接应的包夹。 （3）三二联防半场模拟攻防。 2.体能练习 （1）保加利亚蹲 （2）俯卧撑 （3）四肢支撑横移 （4）十字跳 3.展示或者比赛：半场五对五模拟攻防（三二联防）	1.小组合作学习，探究利用联防变夹击的方法，提高防守的攻击性。 小组探究：如何加强内线空当处的防守。 合作练习：五对五模拟进攻情境的联防移动。 2.分组练习：骨干学生指挥，按规定次数完成相关动作。 3.比赛法：提高整体移动速度，能够加强对罚球线与底角等薄弱区域的防守。
23	运动能力：了解三二联防阵型整体移动路线，寻找防守阵型的薄弱点，尝试做出相对应的进攻战术；通过体能练习，发展学生的速度、耐力，提高持续比赛能力。 健康行为：积极参与防守；加强与同伴交流合作，促进相互协作。 体育品德：学会遵守规则，活动中体现出互相信任，能够共同面对挑战，培养团队精神。	1.结构化知识与技能：能够了解三二联防的薄弱点并发动进攻 （1）连续快速传切接球投篮。 （2）罚球线接应投篮或突破分球。 （3）半场五对五模拟进攻三二联防。 2.体能练习 （1）半场滑步 （2）屈髋外展跳 （3）十字向心跳 （4）俯桥单侧脚抬起 3.展示或者比赛：五对五半场进攻三二联防	1.小组合作练习：了解三二联防的薄弱点并学习进攻方式。教师巡视指导、讲解、示范。 分组探究：针对三二防守阵型弱点，寻求进攻机会，并学会相应的进攻手段。 分层练习：五对五进行模拟攻防练习（利用罚球线及底角空位进攻）。 2.分组练习：小组长组织练习，小组在完成各动作规定次数进行轮换；教师巡视辅导。 3.比赛法：根据三二联防的弱点，通过移动创设局部多打少机会，加强罚球线接应进攻及底角空位投篮。

课时	学习目标	主要教学内容	教学组织与方法
24	运动能力：了解全场比赛的特点，基本掌握快速攻防转换方法；通过内线抢板、接应、外线快下发动快攻；通过脚步组合练习提高下肢力量及移动能力，提高篮球专项素养。 健康行为：主动参与比赛；能够加强与同伴交流合作，在比赛中保持稳定情绪。 体育品德：在比赛中能够遵守规则，尊重对手，信任队友，能够共同面对挑战，培养团队精神。	1.结构化知识与技能：攻防转换快速接应一传，形成快攻 （1）两人快速传接球上篮。 （2）快攻练习（一传接应、二传快攻练习）。 （3）半场五对五攻防（防守方获得篮板球，立刻发动全场快攻）。 2.体能练习 （1）滑步+前跨步 （2）变向跑+侧身跑后 （3）连续纵跳摸高 （4）侧桥——抬腿 3.展示或者比赛：五对五	1.分组合作练习：全场快速传接球上篮；教师讲解、示范。 根据不同防守站位探究利用场地宽度移动形成快攻的路径。 分组探究：怎样利用攻防转换瞬间合理跑动接应，发动快攻。 半场五对五及全场攻防转换练习。 2.分组练习：分小组练习，可结合热身活动进行体能练习，教师统一组织。 3.比赛法：能够通过冲抢篮板球、拉边接应与快下结合等发动快攻。
25	运动能力：了解全场比赛的特点，基本掌握快速攻防转换方法；学会通过内线抢板、接应、外线快下发动快攻；通过提高抗阻练习发展学生的爆发力及跳跃能力，提高争抢篮板球的能力。 健康行为：主动参与比赛；能够加强与同伴交流合作，促进相互协作，能够适应各种复杂的比赛情境。 体育品德：在比赛中能够遵守规则，尊重对手，信任队友，能够共同面对挑战，培养团队精神。	1.结构化知识与技能：攻防转换主动接应，发动快攻 （1）交叉跑动至限制区不同距离接球投篮。 （2）五对五抢篮板球。 （3）全场五对五攻防。 2.体能练习 （1）行进间抗阻投篮 （2）抗阻滑步 （3）抗阻冲刺跑 （4）连续纵跳摸高 3.展示或者比赛：五对五全场比赛	1.分组合作练习：发展限制区投篮方式的探究；教师巡视指导。 合作练习：学习通过集体卡位争抢篮板球；教师讲解示范。 分组探究：五对五全场攻防转换练习；防守方获得篮板球通过主动接应、拉边快下等发动快攻。 2.分组练习：小组长指挥练习，按规定次数完成相关动作后，进行小组轮换。 3.比赛法：攻防转换争抢篮板后马上组织反击，形成快攻。

续 表

课时	学习目标	主要教学内容	教学组织与方法
26	运动能力：了解全场比赛的特点与规则，能够结合学习过的攻防配合进行比赛；发展一般性体能，提高整体身体素质，提高比赛的对抗能力。 健康行为：积极参与比赛；能够加强与同伴交流合作，促进相互协作，在比赛中表现出积极向上的精神面貌。 体育品德：在比赛中能够遵守规则，尊重对手，信任队友，克服困难，展现出积极进取的拼搏精神。	1.结构化知识与技能：攻防转换后组织逼抢破坏快攻 （1）打板接龙。 （2）三对三全场逼抢。 （3）五对五防守反击。 2.体能练习 （1）绳梯脚步练习 （2）保加利亚蹲 （3）仰卧起坐 （4）俯桥——后抬腿 3.展示或者比赛：全场五打五	1.小组合作：完成20次打板接龙；女同学可以在地上接球；男同学在空中接球打板；教师巡视指导。 小组探究学习：半场进攻后马上组织逼抢，严防对手快速传球。 分组探究：半场五对五后接全场攻防转换练习；防一传、快下等阻止对方发动快攻。 2.分组练习：小组长指挥练习，能按规定次数完成相关动作。 3.比赛法：进攻完成后转入防守时加强全场逼抢，制造进攻机会。
27—36	运动能力：基本掌握五对五篮球比赛规则，在临场执裁中能够判断犯规与违例动作并指出来，能够结合学习过的攻防战术配合进行比赛；发展速度、耐力等专项体能，提高比赛的对抗能力。	一、赛季前筹备 1.组建队伍。推选小组长及教练员（兼任），按照实力平均原则选择队员，男女同学比例接近，每组7—8人。 2.球队的logo、口号、队旗设计。 3.球队训练。 二、比赛特殊规则 1.每场比赛分成上、下半场，每半场时间为12分钟。 2.每名队员连续上场时间不少于5分钟。 3.女同学得分双倍计算。 4.小组赛每一轮比赛需派一名队员担任其他小组临场裁判；淘汰赛中没有参加比赛的队伍参与比赛的各项工作。 三、比赛方法 采用单循环赛制，对阵顺序按蛇形列阵；6支队伍，首轮对阵为：1对6，2对5，3对4。 1.排名赛。 淘汰赛一轮：小组赛第五、六名分别与第三、四名争夺半决赛权。	

课时	学习目标	主要教学内容	教学组织与方法
27—36	健康行为：掌握判断运动损伤的知识并能够提前做好预防；积极参与比赛各项工作；能够加强与同伴交流合作，促进相互协作，在比赛中表现出对同伴及对手行为的理解，保持情绪稳定。 体育品德：积极应对比赛中遇到的困难，表现出积极进取的拼搏精神；在比赛中能够遵守规则，诚信自律，公平竞争；具有集体荣誉感，并能够正确对待比赛胜负。	2.半决赛：小组赛第一名对第四名与第五名的胜者 　　　　　小组赛第二名对第三名与第六名的胜者 3.冠军争霸赛：采用四节比赛，每节6分钟；中场休息6分钟为啦啦队表演时间。 四、赛季 1.裁判及各项工作人员培训。 2.比赛资料统计与公布。 3.比赛颁奖：最有价值男女队员，优秀裁判，最佳团队，球队文化宣传奖等。 五、全明星比赛 1.技能挑战赛。 2.斗牛比赛。 3.三分王。 4.全明星赛。 5.颁奖。 最有价值球员各项挑战赛优胜者。	

三、水平五篮球模块教学的注意事项

《普通高中体育与健康课程标准（2017年版2020年修订）》对于体育教学组织及开展指明了方向，提出了体育与健康学科核心素养的基本内涵及主要表现。根据水平五学生的学情及篮球项目的特点，基于水平五篮球模块教学主题"移动造成局部多打少创设进攻机会"，把握几大任务的关联点与进阶性进行教学情境的设计，使学生的核心素养在真实的教学情境中得到培养。教学过程需注意以下事项。

（一）以任务驱动促进篮球技战术探究学习

水平五的学生已具备一定的篮球知识，掌握了较为扎实的篮球技能，但由于篮球的基本功对于球员的技能提高和比赛表现都有很大的影响，教学过程中要注重在任务驱动下提高篮球基本功。如本单元第5节课"快速传接球形成局部多打少进攻机会"为例，学生的传球不准，就没办法形成快攻；投篮不准，即使快攻能够创设出机会，也不能达成任务。因此，在大单元教学中仍要注重细节，帮助学生提升篮球基本功。

（二）从个人或局部对抗教学向整体教学转移

经过义务教育阶段篮球运动的教学，学生在学习过程中提高个人篮球技术水平及局部配合能力，包括个人技术的应用、比赛中的突破、篮板球和灵活移动等方面的知识。要帮助学生提高比赛能力，提升其在比赛中的表现，应从个人或局部对抗教学向整体教学转移。如模块教学设计案例（12—16）课时中，通过"集体配合破盯人防守探究"，培养的是学生的一种比赛整体观念，把个人技能与团队配合相结合，提高进攻效率。教学过程中要注重战术训练，包括进攻战术、防守战术和整体配合等方面的内容，要教会学生如何在比赛中根据实际情况作出正确的战术选择。

（三）重视发展体能，引导自我规划与提升

随着高中的篮球比赛或者教学练习的对抗程度增加，学生参与篮球比赛中有频繁的身体对抗，为提高技术动作的稳定性及充分的体能参与活动，提高篮球的专项体能尤为重要。因此，在教学过程中要注重学生体能的发展，包括有氧运动、耐力训练和力量训练等，确保学生能够有足够的体力参与比赛。高中生已经掌握相关的篮球知识及发展体能的原理，能够根据自身的特点进行篮球运动提升促进计划。教师应该通过目标定向、评价引导学生做好规划，提升自我，让学生养成良好的锻炼习惯。

（四）线上与线下结合，提高学生自主学习能力

高中生对于篮球知识有较深刻的认识，能够了解各项技术的动作原理及篮球裁判的规则。对自己参加篮球实践活动中存在的问题有一定的分析能力，能够判断个人的技术运用在团队协作中发挥的作用。例如：让学生独立分析比赛录像，自行总结和提出改进的方法，倡导学生积极主动地利用课余时间参与讨论和研究。就对篮球运动的整体认知而言，高中生已经学会欣赏比赛并具有分析比赛的能力；完全有能力进行线上与线下相结合自主学习，学会选择并完善改进自己的技术动作的练习方法，并且坚持学练，教师行进阶段性考评，使学生能够通过自我学习提升核心素养。

（五）灵活组织，分层施教

有效的教学组织可以促进体育教学效率的提升，激活学生的学习积极性，教师应该基于学情分析，根据篮球模块的学习内容、授课类型进行组织教学；

可根据模块教学设计的任务或学习情境，开展自主学习、小组合作、探究学习等不同的学习方式；注重多样化的教学方式，激发学生的学习内驱力。体育与健康课程关注全体学生的发展，力争使每一名学生都能通过体育教学获得能力的提升、品德的形成，成为更强的自己。教师在教学中也应因材施教、区别对待，对于能力较强的学生应提高其发展空间，引导他们形成自己的篮球风格；对于基础较弱的学生，可以通过友伴分组，提高他们的辅导面，让他们更好地体验篮球运动的乐趣，慢慢培养运动习惯，使他们有更多的学习成功获得感。

（六）实践活动与体育品德培养结合

篮球是一项团体运动，除了个体对抗外，更强调团队配合。篮球模块教学设计情境中更注重培养学生的团队意识和合作精神等团队因素的设计，帮助学生学会与队友共同合作、互相信任。篮球模块教学不仅仅是篮球技能的传授，还需要注重培养学生的情感和品德，教学过程中要注重培养学生的自信心和坚毅性格，帮助学生培养正确的价值观和面对挫折的态度。通过引入赛季，让每一名学生体验不同的角色，在比赛中能够遵守规则，诚信自律，公平竞争；具有集体荣誉感，能够正确对待比赛胜负。

四、学习评价

学习评价的主要目的是对学生在学习过程中的行为进行观察、诊断、反馈和激励，以判断学生学习目标的达成程度；为教师的教学及学生的学习提供多元的反馈，促进教学活动的有效提升。水平五篮球模块教学的学习评价根据普通高中体育与健康学业质量要求，结合具体的教学内容，围绕着核心素养，设立评价要素，为学生在比赛中的实际表现进行客观评价。

（一）展现与比赛评价

以五对五篮球比赛形式展现。

1. 采用比赛场地及器材

标准篮球场；用球型号：男生7号球，女生6号球。

2. 评价方法

设5名学生监考员，依据评价要素对学生在比赛中表现出来的具体情况，包括临场裁判表现等进行评分。

3. 评价要素

了解篮球裁判的规则，能判断犯规、违例动作；队员在比赛中要完成传球、运球、投篮、抢篮板、协防、夹击等攻防技术和利用传切、掩护等基本配合组成的进攻战术配合，全场区域夹击、各种联防防守阵型；比赛中情绪稳定、善于合作；敢于竞争、团结协作；遵守篮球比赛规则，尊重裁判、尊重同伴、尊重对手；比赛中表现出积极进取、勇敢顽强的体育精神。

4. 评分标准

分别以运动能力、健康行为及体育品德三要素为重点的评价依据，根据学生在五对五比赛中所表现出来的运动技能、行为与体育品德的评价要素为依据进行整体评价。

表4-16　水平五篮球模块教学综合评价表

等级	评价要素		
	运动能力	健康行为	体育品德
优秀 85—100 分	能在对抗中合理完成传球、运球、投篮等技术组合，抢、断、抢篮板球等攻防技术动作；突分、掩护等多种基础战术组合，盯人或联防防守阵型；比赛临场执裁能够快速、准确判断犯规与违例，每学期参或观看篮球比赛次数不少于12次，比赛中体能校好、反应较快等行为中的8个要素。	积极、主动参与篮球比赛，掌握科学的锻炼方法并形成锻炼习惯；能够掌握运动损伤的现场处理；参与篮球比赛时能够做到情绪稳定，包容豁达，能理解鼓励同伴，与裁判有较好的沟通行为；对于比赛变化有较强的适应能力。	比赛中表现出敢于挑战困难、积极进取、追求卓越的精神；能正确地对待比赛胜负；遵规守纪、公平竞赛；能尊重裁判、尊重同伴、尊重对手，能胜任不同的运动角色，表现出敢于担当，有很强的团队意识。
良好 75—84 分	在对抗中基本能合理完成传球、运球、投篮等技术组合，抢、断、抢篮板球等攻防技术动作；突分、掩护等多种基本配合，盯人或联防防守阵型；比赛临场执裁能够判别犯规与违例行为，每学期参与或观看篮球比赛次数不少于9次，比赛中体能校好、反应较快等行为中的6个要素。	较积极参与篮球比赛，形成一定的锻炼习惯；能够了解运动损伤的现场处理简单方法；参与篮球比赛时能够做到情绪稳定，能理解同伴、对手与裁判的行为，乐于与同伴交流；适应于比赛出现的突发情况，不抱怨。	比赛中表现出不怕困难、挑战自我的精神；能正确地对待比赛胜负；遵守运动规范和比赛规则；能服从裁判，尊重对手，可以积极处理比赛过程中产生的问题，具有较强的团队意识。

续 表

等级	评价要素		
	运动能力	健康行为	体育品德
合格 60—74 分	在对抗中基本能完成传球、运球、投篮等技术组合，抢、断、抢篮板球等攻防技术动作；突分、掩护等多种基本配合，盯人或联防防守阵型；比赛临场执裁能够基本判别犯规与违例行为，每学期参与或观看篮球比赛次数不少于8次，比赛中体能校好、反应较快等行为中的5个要素。	能参与篮球比赛，能偶尔参与课外锻炼；掌握进行运动前的准备活动及运动后的拉伸放松知识；篮球比赛中能保持较为稳定的情绪，能够与同伴适时交流；基本能够适应比赛出现的突发情况，没有过多的对抗情绪。	比赛中能克服一定困难、追求上进的精神；能正确地对待比赛胜负结果；基本能够遵守比赛规则；能服从裁判执裁，无对抗情绪，尊重对手，能保持较为稳定情绪应对比赛中出现的问题，具有较强的团队意识。

注：表中的健康行为采用问卷调查进行统计。

（二）综合评价

高中体育与健康课程学习，每名学生须获得12学分方可毕业，其中篮球项目属于必修选学。在进行完篮球模块的学习后需要对学生的学习情况进行评定。水平五篮球模块教学评价根据学业质量要求，采用定量评价与定性评价相结合的方式，对于体能评价主要以每年的体质测试为依据进行赋分，占比为20%，学生的篮球表现与比赛方面占比80%，以学生在篮球比赛中具体表现进行赋分，运动能力占比40%、健康行为占比20%、体育品德占比20%，评分标准见分值权重表4-17。

表4-17　水平五篮球模块教学分值权重表

核心素养	体能（20%）	体育展示与比赛		
		运动能力（40%）	健康行为（20%）	体育品德（20%）
分值	20分	40分	20分	20分

五、课时计划具体案例与分析

本课时以落实立德树人为根本任务，坚持"健康第一"的教育理念，重视学生的学科核心素养培养，根据大单元学习主题及课时具体任务结合篮球项目的特点进行总体设计；有机整合课程的目标与课程结构，在任务引领下设计多种学习情境，引导学生用结构化的知识与技能去解决体育与健康实践的问题，能考虑到学生的个体差异，采用多样化的教学方式，为不同水平的学生参与篮球技能学、练、赛一体化教学搭建学习平台，培养学生的综合能力与优良品格。

（一）教材分析

篮球投篮是决定比赛胜负的关键技术，也是学生最喜欢展示的篮球技术之一。投篮的方法有多种多样，在不同的位置、不同的情境下，投篮的手法运用也不一样。本课时的主要教学任务是在紧逼防守下能够摆脱防守持球进攻或创设进攻机会。

为了提高学生在对抗下的投篮运用能力，通过复习各种不同手法的投篮，使学生建立在不同防守情境下进行投篮的应对策略；假动作无球摆脱、快速切入等接球急停投篮或突破创造进攻空间，促进学生强化团队配合。通过多种情境学练活动，使学生在不同情境中使用及提升投篮能力。

（二）学情分析

本次课的授课对象为高二年级学生，男生30名，女生15名，共计45名学生。高中学生处于身体发育的高峰期，男生普遍反应速度快、对抗力量强，表现欲望及好胜心强，女生相对比较文静，多数不喜欢对抗练习，更喜欢集体游戏或比赛，比较喜欢分享篮球，互相鼓励。经过前面篮球课程的学习，学生基本掌握篮球的运球、传球、投篮等技术组合，并能够在比赛情境中运用投篮技术；但在紧逼防守的情况下，处理球的能力相对较弱。高中学生自我分析、反思能力比较强，有较强的自我规划及提升能力，能够通过多种途径选择学习提升，可以给予更多空间，通过任务引领让他们进行自主学习与小组探究学习，可有效提高学习效率。

（三）教学目标

详见课时计划具体案例。

（四）教学重难点

详见课时计划具体案例。

（五）水平五课时计划具体案例

表4-18　摆脱盯人防守接应创设进攻机会课时计划

主题名称	摆脱盯人防守接应创设进攻机会	单元课次	9	年级	高二	人数	45人

学习目标	1.运动能力：能够掌握掩护配合的基本方法与知识，能够利用移动方向、节奏变化摆脱防守接应发动进攻；通过体能练习，提高滑步稳定性及上下肢力量。 2.健康行为：积极参与篮球学练，比赛中理解同伴的行为，积极进行沟通与交流，在与对手发生身体对抗后能较好控制情绪。 3.体育品德：在篮球比赛中，表现出敢于挑战困难，体现出自信，能够信任及尊重同伴，正确理解比赛的胜负，表现出较好的文明礼仪。
主要教学内容	1.结构化运动知识和技能：（1）摆脱防守接应进攻；（2）通过掩护摆脱盯人防守接应进攻；（3）半场三对三盯人模拟攻防。 2.体能练习：（1）抗阻滑步；（2）跳小栏架；（3）拉橡皮筋快速冲刺15米；（4）俯卧撑。 3.比赛或展示：三对三比赛。

重难点	学生学习	学会摆脱盯人防守，主动接应篮球并根据防守站位发动进攻。
	教学内容	能够阅读比赛情况，选择恰当的方式摆脱防守，并与同伴协作发动有效进攻。
	教学组织	小组合作学习与小组探究学习结合。
	教学方法	讲解示范、情境教学、比赛法。

安全保障	检查场地，消除不安全因素，准备活动充分及场地设计合理，学生思想重视及课中有序教学组织。	场地器材	篮球40个，橡皮筋。

课的结构（总时长）	具体教学内容	教与学的方法	组织形式	运动负荷	
				时间（分钟）	强度（次/分钟）
开始部分（或激趣导学）2分钟	课堂常规： 1.体委整队、检查人数 2.师生问好 3.安排见习生 4.宣布本次课学习目标、内容 5.队列练习（发口令）	教师： 1.宣布课的学习目标、内容及要求，安排见习生。 2.小游戏的规则与动作要求；口令指挥与评价。 学生： 体委集合整队、学	🧍🧍🧍🧍🧍 🧍🧍🧍🧍🧍 🧍🧍🧍🧍🧍 🧍🧍🧍🧍🧍 ★ 四列横队站立 体委整理队伍	0	75±5

续表

课的结构（总时长）	具体教学内容	教与学的方法	组织形式	运动负荷	
				时间（分钟）	强度（次/分钟）
开始部分（或激趣导学）2分钟		生精神饱满，集合快、静、齐。评价：学生的专注度与反应能力。			
准备部分（或增趣促学）5分钟	1.动态热身（1）弓步走（2）侧弓步走（3）最伟大拉伸（4）小步跑（5）高抬腿（6）交叉步跑2.无球移动（1）变向跑（2）虚晃变向加速跑（3）两人摆脱对抗练习	教师：1.强调学生的动作幅度、力度、完成度，点评学生。2.提示正确动作的肌肉反应。学生：在骨干学生带领下，依次沿运动路线高质量完成动作。教师：语言提示、动作要求、进行评价。学生：保持重心平稳，急停与加速结合，摆脱瞬间利用身体贴住防守队员。评价：1.动作到位，能够说出拉伸肌肉及感受。2.能够结合假动作进行变向加速摆脱防守。	学生四路纵队从底线出发，进行各种动态热身	5	145±5
基本部分（或素养提升）30分钟	1.结构化运动知识和技能（1）摆脱防守接应进攻	教师：1.讲解示范不同摆脱方式的区别与运用，指导学生分组练习。	1.分层分组练习，由各小组长在指定区域组织练习		

199

续　表

课的结构（总时长）	具体教学内容	教与学的方法	组织形式	运动负荷	
				时间（分钟）	强度（次/分钟）
基本部分（或素养提升）30分钟	（2）通过掩护摆脱盯人防守，创造进攻机会。分层练习：①侧掩护给持球队员创造进攻。②无球掩护战术配合探究。（3）半场三对三盯人/二对二模拟攻防。	2.要求防守队员做到人球兼顾。3.摆脱后主动接球并能够根据场上情况选择进攻方法。4.巡回指导，关注学生动作完成情况，及时评价引导及鼓励学生。学生：1.联系已有知识，理解新技术运用。2.在小组合作练习中，能根据平时比赛中遇到的防守情况，尝试不同的摆脱方式练习。3.摆脱接球能够根据防守站位判断进攻方式。4.根据自己的技能情况，选择不同的提升练习方法。评价：能够有效摆脱防守并根据场上防守站位发动进攻。	2.分层练习	10	160±5
	2.展示与比赛：半场三对三	教师：比赛法，说明比赛方法与规则及评价方法。学生：1.小组长负责比赛组织，按照教师制定比赛规则进行比赛。		8	160±5

续 表

课的结构（总时长）	具体教学内容	教与学的方法	组织形式	运动负荷	
				时间（分钟）	强度（次/分钟）
基本部分（或素养提升）30分钟		2.没有上场的队员担任临场裁判。3.分析比赛技战术运用的效果及存在的问题；并讨论改进方法。评价：能够快速移动寻找进攻空间，能够及时发现队友的进攻机会并快速转移球。	教师巡视指导，并对学生学习进行引导及点评。比赛法：守擂比赛。三人一组，采用一球胜负制，胜者继续比赛，输的一方进行轮换。		
	3.体能练习：（1）抗阻滑步（2）跳小栏架（3）拉橡皮筋快速冲刺15米（4）俯卧撑	教师：1.讲解及示范不同练习方法。2.巡视指导，个别辅导学生练习。3.鼓励及评价学生动作。学生：1.小组长指挥分组学练，根据教师要求的时间及动作规格进行练习。2.根据老师的提示和小组长的安排有序进行认真练习每小组完成之后轮换到下一组练习。3.分四组进行轮换练习。评价：积极参与练习，能克服困难按动作规格完成。	3.分组轮换练习，由小组长指挥练习每小组完成一组练习，间歇30秒轮转。	8	165±5

续 表

课的结构（总时长）	具体教学内容	教与学的方法	组织形式	运动负荷	
				时间（分钟）	强度（次/分钟）
结束部分（或放松恢复）3 分钟	1.放松活动： 手臂、上肢、下肢静态拉伸。 2.小结本课： 本课任务完成情况。 课堂组织纪律情况。 3.下课，师生道别，归还器材。	教师： 1.讲解示范，语言提示，领做。 2.总结，评价本节课完成情况。 3.布置课后作业，安排回收器材。 学生： 1.听音乐放松身心，最大限度地进行拉伸活动。 2.认真听教师的总结，课后进行自我评价。 3.完成课后作业，协助回收器材。	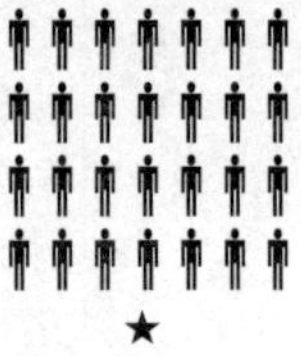 四列横队站立	2	120±5
预计负荷	平均心率	145±5			
	运动密度	80±5			
体育家庭作业	观赏投篮集锦，体能练习：靠墙静蹲50—60秒/组*3，俯卧撑（10—15）/组*3				
课后反思					

第五章
学校青少年篮球训练

　　对学校体育来说，"教学是基础，竞赛是关键，体制机制是保障，育人是根本"。学校体育除了要做到"教会、勤练"外，还要"常赛"，需要组织全员参与的体育竞赛活动。对抗性的竞赛活动，可以帮助学生养成遵守规则、团队合作、尊重对手、全面发展的个性素质。过去学校体育并不重视竞赛，提到竞赛基本是少数人或运动员的事。但今后学校体育最大的革命就是要"常赛"，经常性地组织全员参与的校内体育竞赛活动，至少班级内部的比赛能够经常开展，让每一名学生都有上场竞赛的机会，感受竞技运动带来的魅力，进而爱上体育运动。提高青少年的篮球基本功是"常赛"的基础，保证比赛的质量，在体教融合的大背景下，各种资源融合促进有利于校园青少年篮球训练工作的推进，更有利于在比赛中培养高水平后备人才。

第一节　学校篮球训练研究的背景与目的

一、开展青少年篮球训练研究的背景

青少年时期是培养体育兴趣和爱好的关键阶段，而篮球作为一项受欢迎的运动项目，对于培养青少年的团队合作精神和各项能力具有重要意义。通过开展青少年篮球训练的研究，可以引导更多的青少年积极参与篮球运动，提高他们的篮球技能，促进青少年的身心健康水平。在课程标准"学练赛一体化"教学理念背景下开展青少年篮球训练的研究具有现实意义，通过引导青少年积极参与篮球训练，探索适合青少年特点的训练方法与校园篮球人才模式，并提高篮球的基本功与竞赛能力，促进青少年的全面发展。

二、开展青少年篮球训练研究的目的

（一）引导青少年积极参与篮球运动

成功的运动体验是驱动青少年参与运动的基础，篮球运动的多变化、团队、对抗性、趣味性容易吸引青少年参与。学校通过开展青少年篮球训练，可以引导更多的青少年积极参与篮球运动，让更多青少年在比赛中体验成功情感，提高篮球运动技能，提高青少年的身心健康水平。

（二）发展学生的篮球运动能力

《义务教育体育与健康课程标准（2022年版）》学练赛一体化背景下，重视青少年综合素质的培养，强调学习与实践相结合，使学生能够在比赛中充分展示自己的技能与能力。因此，开展青少年篮球训练的研究旨在对学生进行全面的训练，提高其篮球运动素养、体能水平和比赛能力。

（三）提高青少年篮球竞技水平，锤炼意志品德

篮球运动作为一项竞技性较强的运动，对于培养青少年的竞争力和适应社会的能力具有重要作用。通过开展青少年篮球训练的研究，可以提高他们的竞技水平，在不断比赛中培养他们的团队意识和竞争意识，增强他们的自信心和应对能力。

（四）探索高水平篮球人才培养的方法与模式

青少年处于生理、心理和认知发展的关键时期，其身体素质和技能水平有着独特的特点与需求。因此，在《义务教育体育与健康课程标准（2022年版）》学练赛一体化背景下开展青少年篮球训练的研究，可以探索更适合青少年特点的训练方法与模式，充分发挥其潜力，提高其训练效果。这也是落实体教融合，多途径培养体育高水平运动人才所需，可以弥补传统体校、专业队培养体育人才的单一性。

（五）促进办学特色形成

青少年篮球训练也可以成为学校特色品牌的一部分，通过推广学校的篮球训练项目和成绩，提高学校的知名度和形象。学校可以组织篮球比赛、参加校际篮球比赛，展示青少年的篮球实力和比赛风采，加强学校的品牌形象建设。同时，学校也可以通过篮球训练项目的培训和选拔，挖掘和培养更多的优秀篮球人才，为学校的品牌建设提供持续的推动力。

综上所述，开展青少年篮球训练的研究在《义务教育体育与健康课程标准（2022年版）》学练赛一体化背景下具有重要的意义与目的，可以促进青少年的全面发展，引导他们积极参与篮球运动，探索适合青少年特点的训练方法与模式，并提高他们的竞技水平与竞争力，是教体融合背景下普及篮球课程及创新篮球高水平人才培养的新途径。

第二节　学校开展青少年篮球训练的
目标与原则

　　青少年课余训练是学校体育教育的重要组成部分。体教融合背景下，学校可以与篮球俱乐部或专业篮球训练机构合作，共同开展篮球训练项目，为学生提供更专业的多样化、有针对性的训练内容和机会。通过改善学校篮球场地与师资，吸引更多优秀的篮球教练和运动员加入学校的篮球训练团队中，为学生的训练提供更好的师资保障，满足更多青少年参与篮球训练的需求，规范学校的篮球训练。当然，由于青少年正处于生长发育的高峰期及求学阶段，需正确引导，处理好学习与篮球训练的关系，遵循可持续训练的原则，促进青少年健康发展。

一、开展青少年篮球训练的目标

　　开展青少年篮球训练的目标是培养青少年的体育意识、锻炼身体、培养协作精神、提高篮球技术水平，并通过篮球训练促进青少年全面发展。开展青少年篮球训练并不仅仅是为了组建篮球队、训练及参加比赛，在组队进行篮球训练之前，只有根据队伍的情况、学生的实际确立目标，才能够制定好符合学生发展需求的训练目标。青少年篮球训练也可以成为学校特色品牌的一部分，通过推广学校的篮球训练项目和成绩，提高学校的知名度和形象。学校可以组织篮球比赛、参加校际篮球比赛，展示青少年的篮球实力和比赛风采，加强学校的特色品牌建设。

（一）通过篮球训练促进青少年身体健康及运动能力提高

适量的篮球运动能够帮助青少年身体发展，形成喜欢运动的健康行为与习惯。通过参与篮球运动培养出与运动练习相关的健康习惯（营养、卫生、自我保健习惯等）。然而，青少年参与篮球训练需要注意避免因过量练习或与年龄不符的运动负荷而可能面对的健康风险。适当的计划对球员的身体发展有促进作用，不恰当的训练负荷则可能造成身体损伤。当然，系统的篮球训练能够促使学生的灵敏性、速度、耐力、上下肢力量、核心力量等体能得到发展，各方面的运动能力得到提高。

（二）篮球训练促进青少年品格与价值观形成

青少年可以通过篮球训练的体验、认同及在训练与比赛中形成的良好感觉，可以帮助青少年形成良好的品格和价值观。笔者通过长期开展青少年篮球训练与带队比赛，在陪伴青少年成长的过程中，也可以深刻感受到篮球训练对青少年品格和价值观形成的积极影响。

1. 团队合作

篮球是一项团队运动，需要队员之间密切合作才能取得好成绩。青少年在篮球训练中，需要学会与队友相互信任、相互帮助，共同达成共同的目标。共同的追求与愿景促进了青少年形成团队合作的品格和价值观，共同的成长经历及一起奋斗的过程使青少年建立了深厚的感情，深刻理解团队合作的意义及形成团队精神。

2. 自律和坚持

篮球训练需要青少年保持良好的自律，包括遵守训练计划、按时参加训练等。此外，篮球训练也需要学生克服困难，坚持不懈，不因困难而放弃。这培养了青少年自律和坚持的品格和价值观，能够长期保持篮球训练的青少年更懂得自律与坚持。因为他们更明白想在篮球运动赛场上获得成功，没有日复一日的刻苦训练，是不可能达到的。

3. 尊重和公平竞争

篮球比赛更倚重于裁判执法，遵守规则是参与比赛所必须具备的基本条件，青少年只有尊重对手和裁判的决定，按照规则进行比赛，才有可能在篮球比赛中获得胜利。同时，篮球训练获得参与比赛机会，也通过公平竞争的方

式,帮助青少年培养尊重他人和公平竞争的价值观。

4. 正确面对比赛胜负

在篮球训练或比赛中,青少年会有胜利和失败的经历。在不断经历胜利与失败的交集中,青少年逐步学会在胜利时怎样保持谦虚的态度和分享成功;失败时,学会接受失败并从失败中吸取教训,努力提升自己。这有助于青少年形成良好的胜负平衡的品格和价值观。

5. 领导能力

在篮球训练中,青少年有机会担任队长或其他领导角色。通过承担不同的角色,青少年可以设身处地为他人着想,学会交流与沟通,提升自己的领导能力,学会通过自己的决策领导和影响他人。这有助于青少年形成积极的领导品格和价值观。

综上所述,篮球训练对青少年品格和价值观的形成具有积极影响。它培养了团队合作、自律和坚持、尊重和公平竞争、胜负平衡以及领导能力等良好的品格和价值观。因此,篮球训练在青少年发展中起到了重要的作用。

(三)篮球训练影响青少年心理健康发展

篮球训练对青少年心理健康的发展有着积极的影响,主要体现在训练过程中通过体验技能运用、比赛等逐步认同篮球运动带给青少年的积极向上的感觉,从而促进青少年心理健康成长。

1. 增强自信心

参与篮球训练可以帮助青少年培养自信心。在比赛或训练中获得成功体验,逐渐提升实力,都可以增强青少年的自信心。这种自信心可以帮助青少年在面对各种困难和挑战时更加自信。

2. 培养合作精神

篮球是一项团队性的运动,它需要队员之间的合作才能取得成功。青少年在训练和比赛中需要与队友相互配合,共同完成各种任务。通过与团队合作,青少年可以学会尊重他人、协调沟通、共同努力等,并培养合作精神。

3. 锻炼意志力和毅力

篮球训练需要长期坚持和不断努力。青少年通过参与篮球训练可以培养意志力和毅力,学会面对挫折和失败,坚持不懈。这也有助于他们在其他方面,如学习和职业发展中取得成功。

4. 减压释放情绪

篮球训练是一种身体活动，可以帮助青少年释放压力和情绪。在比赛和训练中，他们可以通过运动来放松身心，减轻学业压力和负面情绪，从而提升心理健康。

然而，过度的篮球训练也可能对青少年的心理健康产生负面影响。过度竞争、过度训练和压力可能导致青少年出现焦虑、抑郁、自卑等问题。所以，合理安排篮球训练的时间和强度，适时给予学生支持与指导，对于青少年的心理健康发展非常重要。

二、学校青少年篮球训练的原则

青少年正处于身体发育阶段，循序渐进的训练可以确保他们身体和技能的逐步提高，避免身体过度使用或训练，以保护青少年的身体健康。家庭和学校是青少年成长的两个重要环境，两者的合作可以更好地支持青少年参与篮球训练。家庭可以提供良好的饮食和睡眠习惯，帮助青少年维持良好的身体状态，学校可以提供专业的篮球教练和设备，创造良好的训练环境。家庭和学校之间的密切沟通和合作，可以确保青少年得到全面的支持和指导。

青少年篮球训练的原则如下。

（一）健康第一原则

训练过程中重视青少年的安全，采取适当的防护措施，避免训练中出现意外伤害，对青少年以后的发展造成影响。

（二）综合性原则

注重篮球训练的全面性，包括基本技术、战术意识、身体素质、团队合作等方面的培养。全面发展青少年的篮球技术，为以后的篮球发展打下坚实的基础。

（三）体验与认同原则

注重训练过程中的学习和积累，让青少年在训练中体验到进步和成果，增强学习动力。引导学生形成正确的价值观，规划并提升自己。

（四）循序渐进原则

根据青少年的学习能力和潜力，循序渐进地进行训练，逐步提高难度和强度。切忌揠苗助长，影响学生身心健康。

（五）个性化原则

每一名青少年都是独特的个体，根据青少年的身体条件、兴趣爱好和心理特点，制订相应的训练计划，使之更具有针对性，能够激发青少年参与篮球训练的兴趣并体验训练带来的成功感受。

（六）激发兴趣原则

通过设置有趣的训练内容和游戏形式，激发青少年对篮球的兴趣，增强参与的积极性和主动性，吸引青少年持续参与篮球训练。

（七）鼓励原则

训练中要及时给予青少年积极的鼓励和表扬，培养他们的自信心和自尊心，激发训练兴趣，提高训练效果。

（八）家校协同原则

鼓励家长积极参与青少年篮球训练，加强对青少年的引导和支持，形成学校、家庭、社会的共同育人格局。

第三节 学校篮球训练的现状与问题分析

随着学校体育价值目标的不断完善，以体育人的路径也由传统单一形式的体育课，逐渐完善为体育课、体育锻炼和体育竞赛为一体的"学、训、赛"育人体系，让学生在真实的教学情境中学习篮球技能、参与比赛，达到享受乐趣、增强体质、健全人格、锤炼意志的效果。学校篮球在国家政策支持、地方政府物质保障等一系列措施激励下，得到了较好的发展。

一、学校篮球业余训练发展好机遇

"三大球"项目之所以备受瞩目，除基础大项所具有的对抗、协作配合的项目特征优势外，还有着项目普遍被人们所寄予的凝聚民族力量、展现时代精神、树立国家形象等超越体育自身的时代特征。学校体育正处于发展的好时机，以"体育强国"建设和"三大球"振兴发展的相关要求为契机，注重对学校体育改革的审视与调整，建立与之相适应的学校篮球课程改革方案。国家体育总局、教育部印发《关于深化体教融合 促进青少年健康发展意见》指出：按照"一校一品""一校多品"的学校体育模式，整合原体育传统项目学校和体育特色学校，调整特色项目学校向"三大球"项目倾斜。在"三大球"振兴发展引领下，教育、体育部门也加强"三大球"体育传统特色学校的建设、竞赛、师资培训等工作，并给予相应的政策支撑，形成深化振兴发展的课程改革方案，为人才培养强基固本。

此外，为推动篮球项目发展，中国篮球从人才培养模式、各级联赛赛制等进行深入改革。2017年11月20日，中国篮球协会在北京举行了小篮球发展计划暨小篮球联赛启动仪式，同时发布了《小篮球规则》。小篮球发展计划的推出

是为了满足少年儿童参与篮球运动的需要，促进少年儿童身心健康地成长，同时也为我国篮球后备人才选拔夯实塔基。随着全国高中、初中篮球联赛及小学生篮球比赛的完善，越来越多青少年投身于篮球训练当中。现在U6、U8、U10等多个年龄组比赛火热开展，吸引越来越多的少年儿童投身篮球运动；全国初中篮球联赛、高中联赛及大学联赛等越办越成熟，吸引广大青少年参与其中。

二、中小学校篮球青少年业余训练现状

现阶段，我国青少年篮球后备人才培养体系主要还是以体校形式、体育传统校、各类俱乐部培养、体教结合、校企合作培养等多元发展的状态，在很大程度上丰富及促进了青少年篮球训练的发展，各有优势。但就目前而言，各种不同的培养方式各有利弊，对青少年篮球训练发展有一定的限制作用。其中，学校篮球业余训练培养模式训练水平相对低，体校集中训练模式招生越来越难，社会培养模式目标相对混乱；各培养模式之间尚未建立有效衔接等，导致各培养模式的潜力并未完全发挥。鉴于此，在回顾青少年篮球后备人才培养体系发展历程的基础上，建议从复杂系统理论的视角，探讨篮球后备人才培养体系的发展动力。

从上述内容可以看到，中国学校青少年篮球训练正处于蓬勃发展时期，但从区域学校走访及在省、市、区各级篮球比赛教练访谈中也发现很多问题，折射出学校篮球发展的瓶颈与发展过程中制度有待完善的地方。

（一）学校场地资源不足

旧城区学校缺乏足够的室内外训练场地和设备，限制了青少年的篮球课程及训练开展。旧城区学校尤其是小学校园只有一个篮球场，无法满足青少年教学与开展训练的需求。

（二）学校篮球师资力量不足

学校青少年篮球训练师资力量普遍不足，缺乏专业的篮球训练教练；大部分中小学的体育教师对篮球专业知识了解有限，难以提供高质量的训练；此外，体育教师要担负大量的体育课程及课间操、体育锻炼活动的组织，没有足够的精力应对篮球训练及带队外出比赛。

（三）学校业余训练时间不足，无法保证训练质量

由于文化学业质量受到家长及社会的关注，学生的课余时间越来越少，尽管，2021年7月24日，中共中央办公厅、国务院办公厅印发《关于进一步减轻义务教育阶段学生作业负担和校外培训负担的意见》，避免加重义务教育阶段学生的负担，但由于学业、中高考压力，学校开展业余训练时间受到各种挤压，导致训练时间不足。

（四）学校青少年篮球训练缺乏系统性，训练内容相对单一

学校青少年篮球训练受师资、时间等限制，往往重视短期的比赛任务，更重视技战术、体能训练，忽视了篮球基本功的培养；过多参与比赛，对于基本技术训练太少，导致很多青少年在早期训练中的进攻和防守技巧上有所欠缺，基本传接球、运球等动作不规范，难以保证球员的篮球水平往高水平层次发展。

（五）过于重视竞赛成绩导致揠苗助长

受竞赛成绩压力，部分学校青少年篮球训练过于注重竞争，过早选拔和培养少数优秀球员，忽视了培养广大学生的兴趣和能力。甚至，为了追求短期成绩，在小学阶段过早开展大运动量、大负荷的训练模式，而忽视篮球技术训练，这对于学生的成长是非常不利的，伤病劳损使很多优秀的青少年早早地离开了篮球场，造成对于篮球运动持续发展的不利局面。

（六）学生联赛竞赛体制不健全

近年来，在全国中体协的影响下，各地区的竞赛规程逐步完善。但学校青少年篮球赛事缺乏统一的竞技体制，缺乏真正意义上的校际、区域和全国性的比赛和交流机制。首先，全国赛事、省级赛事的规模均有所控制，这使得广大青少年缺乏参加更高水平比赛的机会，限制了他们的进步和成长；其次，参赛资格问题也困扰着比赛的发展，总有贪图功利之徒违规参赛。因此，应该健全体制，进一步健全面向中小学生的竞赛活动管理制度，坚持素质教育导向，更好地发挥竞赛活动的育人功能，为学生创设更好的竞赛平台。

（七）裁判水平制约高水平比赛发展

无论是国家级篮球职业联赛，还是各地方的篮球比赛，篮球裁判一直存在着较大争议。从职业联赛的退赛，校园篮球赛事的诸多纷争，无不反映出

篮球裁判水平对高水平赛事打造的重要性，影响着青少年篮球人才的成长。当然，裁判问题也折射出篮球竞赛浮躁、过于功利化，导致篮球裁判容错率极低，一点儿小争议都会成为大纷争，赛事环境及青少年发展平台需要各方搭建。

综上所述，中国学校青少年篮球训练面临着资源不足、师资力量不足、训练内容单一、竞争压力过大、训练时间分配不合理以及竞技体制不健全等问题。解决这些问题需要政府和学校加大对篮球运动的重视，增加投入和改善硬件设施，提高师资水平，优化训练内容，合理分配训练时间，建立健全竞技体制，并注重培养青少年的兴趣和能力，让更多的青少年受益于篮球训练。

三、学校篮球训练改进措施

为改进青少年篮球训练体制，2020年国家体育总局和教育部联合出台的《关于深化体教融合 促进青少年健康发展的意见》中明确指出，要完善青少年体育赛事体系，实现青少年赛事整合。青少年体育赛事是体教融合实施的重要组成部分，是培养竞技体育后备人才的有效途径，是实现体育社会功能的主要手段。为学生提供高质量和丰富的体育赛事是体育部门、教育部门的责任。针对学校青少年训练及竞赛开展存在的问题，国家从政策出台、资金辅助、师资培养等多方面介入，并取得了一定的效果，如校园篮球教练员培训和全国、省、市篮球特色项目学校每年均给予一定的经费，加大政府投入及公益资金（体彩）资助等渠道，改善篮球运动开展的场地设施及条件。

青少年后备篮球人才的培养关系到我国未来篮球的发展状况，在我国篮球的训练体系中应该占有举足轻重的地位。但是在现实中，我国中小学青少年篮球后备人才的培养存在很多问题，需形成管理体制，方能有效解决问题，促进球队训练持续开展。

（一）过于重视竞技成绩而忽视青少年篮球基础训练

加强篮球训练管理与计划安排实施，展开综合评价，切忌评价一刀切，唯成绩论，建立以评价为导向，球队成绩与学生发展相结合的评价机制，把终结性评价与过程性评价结合，使竞争与青少年发展平衡起来，鼓励青少年夯实基础，提高个人能力。欧洲青少年篮球以俱乐部模式为主，培养过程循序渐进，注重训练超过比赛，突出个人技术的全面性和球员篮球智商的培养，可以作为学校青少年篮球训练之参考。

（二）青少年参与学校篮球训练普遍存在学习与训练的矛盾

学校应合理安排课程和训练时间，确保球队学生能够有统一的训练时间；教练员应认真根据学生的实际情况及赛季做好训练计划，并认真组织训练，务必在规定的时间内保质保量完成，确保学生有足够的休息和学习时间。必要时，对于由于增加赛前训练及比赛任务而导致的学业缺漏，应组织教师帮助球队学生补课或加强辅导，同时做好学生的心理辅导。

（三）学校与专业俱乐部合作，促进青少年篮球训练专业化

《关于深化体教融合　促进青少年健康发展的意见》中提出，拓展学校篮球训练开展的思路，鼓励俱乐部与学校合作办学，开展青少年篮球培训，在一定程度上缓解了专业体校招生的困难，缓解了家长对孩子过早参与专业化训练而缺乏学习的顾虑。同时，学校又可以加强专业化师资力量，促进办学特色的发展。如宏远俱乐部与广东实验中学的合作，广州证券与华南师范附属中学的合作，在很大程度上促进了学校青少年篮球训练的专业化及高水平篮球运动员的培养。

此外，各级部门协同开展篮球专任教师的培训，提高教师的专业素养，使他们能够提供高质量的训练指导。现在，各级教育部门正协同体育局开展篮球师资培训，对于校园篮球开展也起到很大的促进作用。

（四）家校协同，共同为青少年创设良好训练环境及后勤保障

学校应鼓励教师开展持续的篮球专业训练，能够保持与时俱进，了解最新的训练理论和方法，并将其应用到训练中，促进训练质量。同时，学校还可以组织青少年参加各类比赛，激发他们的创造力和想象力。教练应制订具体的培养计划，根据青少年的兴趣、天赋和发展需求来设计个性化的训练项目；加强与家长良好的沟通，让家长参与到青少年的培训计划中，确保每名青少年得到比较充裕的后勤保障和成长的关注。

总之，针对学校青少年训练开展存在的问题，需要学校、教师、家长和青少年共同努力，通过合理安排、专业指导和注重个体发展，达到良好的培养效果。学校保证师资稳定、后备人才梯队构架合理、制度体系完善等，保持学校

篮球训练可持续、高质量的发展，为篮球人才培养创新模式。我国青少年篮球人才培养正处于"体教融合"转型阶段，借鉴欧洲篮球强国后备人才培养的先进理念，必将推动我国构建新时代融合发展的青少年篮球运动员培养体系，实现我国篮球跨越式、平稳健康的发展。

第四节 不同年段篮球训练的计划与评估

篮球运动是一项综合性的体育运动，运动员必须熟练地掌握一系列技术动作，才能在比赛的复杂情境中通过运、传、投等基本功创设得分机会，快速、灵活、准确的跑位、跳跃等移动方式有利于团队的攻防配合。篮球基本功是篮球运动的基础，扎实的基本功是成为一名优秀篮球运动员的必要条件。基本功的训练从学习之始就要系统地、有计划地、循序渐进地、由浅入深地进行。只有扎扎实实地练好了基本功，加上良好的身体素质、配合意识，才可能成为优秀的篮球运动员。学校的篮球训练时间难以保证，队员水平层次较大，流动性也比较大，故更应该根据球队的目标，定向做好计划及梯队建设，有针对性地开展训练。

一、篮球训练计划制订与执行

篮球运动参与过程需要个体技能及团队配合，集对抗性、集体性、多变性等于一体。因此，只有根据学校篮球训练的实际情况进行目标制定，并严格执行，才能够取得更好的训练效果，达成训练目标。

（一）中小学开展青少年篮球训练普遍存在问题

由于参与训练的性质不同，学校篮球队构建跟体校等专业队有较大区别，主要呈现以下特点：第一，周期短，中小学生参加训练的年限一般为三年，小学生四年级开始正式训练，初中、高中各三年；第二，队员流动性大，因为每年均有一批学生毕业，或者由于学业、伤病等退队；第三，水平层次差别较大，主要是受篮球队员年龄、发育状况等的影响。尽管，相比于体校篮球队队员，学校篮球队的队员普遍篮球基础较差，体能发展一般，但坚持参加篮球队的学生一般比较喜欢篮球，能够积极参与训练。

（二）学校篮球训练计划制订须考虑的因素

鉴于篮球运动的综合性，它要求参与者掌握一定的攻防基本技术、战术意识、体能等基本能力；现阶段学校篮球比赛周期比较短、水平层次等原因，故在制订计划时更应明确队伍的目标；以赛季为周期，相应地分解任务，制订相应的大、中、小周期，并设置对应的任务，根据不同周期的任务，按照重要性选择训练内容，根据学生的状况合理安排基本技术、战术配合、体能与比赛等内容，控制好运动负荷。

表5-1　不同年段学校篮球训练计划制订基本内容安排

年龄	基本技术	基本战术	体能	比赛
U8—U12	70%	10%	10%	10%
U13—U15	60%	20%	10%	10%
U16—U18	40%	30%	10%	20%

小学阶段是篮球技能习得和养成的关键时期，只有通过系统的基本功训练，才能打下扎实的篮球基础，成为优秀的篮球运动员。在进行训练计划时，应侧重于篮球基本技术，通过基本功训练，可以更好地体验篮球运动，掌握基本技能，获得成功体验并形成对篮球的兴趣。因此，基本技术训练时长占比70%。当然，除了篮球基本功训练外，由于青少年正处于协调、灵敏发展的敏感期，必要的体能练习能提高他们的身体协调性和敏捷度，培养良好的身体控制能力。通过简单的战术训练，发展学生的篮球思维与意识，提高对篮球比赛的理解，通过比赛感受篮球的兴趣与魅力。初中阶段的学生仍处于技能的发展阶段，基本功训练仍然是本阶段的重要内容，应强化及提升对抗下基本功的运用能力。同时，由于初中阶段的学生正处于思维活跃、身体迅猛发展的阶段，需要加强战术素养及篮球意识培养。此外，根据学生发展敏感期，发展一般性体能及专项体能也是本阶段学生的重要任务。高中阶段的学生基本功相对扎实，当然要重视夯实学生基本功，尤其是快速反应及复杂对抗下学生基本功的稳定性，尤其是投篮能力。由于高中阶段的学生参与比赛的水平相对较高，强度大，故安排的战术训练时间及体能训练时间占比更高。

（三）根据训练周期的不同时段安排具体训练计划

制订训练计划（练习进度与比赛）是教练开展训练前必须完成的工作。如果没有系统制订技战术、体能等多方面的训练计划，随着赛季来临，会发现队员投篮能力不行、战术呆板，导致在比赛场上打法单一、体能筹备不足，难以支撑整场比赛、关键时刻连界外球都难以开出等致命问题。由于赛季中可能有很多问题需要教练员去处理，会发现早期没有准备好，赛中很难去改变不利的现状。因此，根据赛季制订训练计划，能够让执教教练根据队伍的具体情况安排训练内容，有条理地提升队伍的整体能力。表5-2是学校篮球训练的计划表，以一年（或者一个赛季）为单位，中间根据赛季的阶段目标设置若干周期，再根据每个具体的训练目标设置小周期，这样可以确保在重要比赛前完成所需要的训练任务，提升球员个人技能、团队战术配合、体能等，确保队伍的比赛状态。

表5-2　篮球训练的赛季训练计划表

时间（月份）	周期	小周期	练习内容
9	一般比赛前	发展投篮能力，不同位置的进攻技术。	基本技术、各种情境下投篮，不同位置攻防投篮，小组配合投篮。
10		复杂情境对抗下的进攻能力。	篮底对抗投篮、突破投篮，突破分球投篮，连续传切投篮，中锋高位策应下跟进投篮。
11		整体战术配合、局部攻防转换及快攻。	三对三连续掩护、五对五攻联防，快速反击等。
12	赛季中期	参与比赛，提高整体比赛能力。	赛前准备攻防演练；分析问题，赛中调整训练。
1		防守及体能练习。	防守体系打造与体能练习。
2		团队中个人技能的运用。	分析比赛，提高个人技能运用与效率。
3		参加比赛，提高队伍默契。	对抗比赛，能够应对不同防守组织进攻。
4	比赛前期	整体战术配合与体能。	五对五攻防，能够应对不同进攻组织防守。

续 表

时间（月份）	周期	小周期	练习内容
5	比赛前期	真实情境模拟训练与体能。	根据比赛的关键时刻，组织攻防练习。
6		不同防守阵型攻防及投篮能力。	防守反击以及不同情况下的界外球攻防战术。
7	比赛期	参加重要比赛。	状态调整：营养、体能、心理。
8	赛季中间	调整	

表5-2是以高中阶段队伍准备比赛为例，以7月有重要比赛为例进行准备，根据高中队伍的具体情况，分5个中周期进行准备，从个人攻防能力提高、小组配合、整体配合、实战模拟等多任务进行准备，全面提升队伍的实战能力，小周期内容安排根据完成中周期任务的重要性及学生的具体情况选择内容。每个周期须以完成任务为依据，否则，需要适时调整目标或训练方法、内容安排，以达到整体的训练目标要求。

二、篮球训练过程的监控与调整

制订篮球训练计划可以提高团队的比赛能力，帮助运动员系统地提高技术水平和体能素质，提高比赛能力，同时也能够预防运动伤害，保持身体健康。制订学校篮球训练计划需要考虑篮球队的目标和需求、篮球运动的特点、运动员的个人特点、训练周期和时间安排以及教练员的经验和专业知识，通过逐步进行目标设定、课程设计、时间安排、个性化训练、定期评估调整和全面发展等步骤来制订和执行训练计划。过程性的监控与调整是保证训练目标达成的基石，可以通过过程性监控了解队员的训练状况，或者是教练员的训练计划安排是否合理，教学方法是否得当等，有利于及时调整。

如何对篮球训练过程进行监控，主要通过队伍整体训练目标完成度、个人训练完成度等进行观察。主要涉及以下几个方面。

（一）监控运动员的技术表现

通过观察和记录运动员在训练中的表现，包括技术动作的正确与否、速度、力量、敏捷性等指标，可以使用视频录像或者教练员的观察来进行质量监控。

（二）数据分析与对比

建立运动员的成长档案，将运动员的表现数据进行分析和对比，以评估运动员的进步情况和发现潜在问题。可以使用一些专业的数据分析软件或者平台来进行数据处理和对比，比如统计投篮命中率、助攻次数、篮板球数据等，反映球队在实际比赛或模拟比赛的过程中的具体情况。

（三）跟踪运动员的体能状况，监控运动员的身体素质变化

通过定期进行身体测试，包括体重、身高、肌肉质量、体脂率等指标的监控，可以评估运动员的身体状况是否适合进行篮球训练，以及在训练过程中的发展与变化情况，以了解球员的实际训练效果，对其训练提出针对性的意见。

（四）心理状态监控

运动员在训练过程中的心理状态也是需要监控和调整的重要方面。可以通过与运动员进行交流、观察其情绪表现以及使用心理测评等方式，来了解运动员的心理状态，及时发现问题并做出相应的调整，或者通过团队拓展、交流沟通等方式舒缓学生的压力，学会竞争。

基于以上监控结果，可以对训练计划和方法进行调整，包括调整训练量与运动负荷、篮球技术要求、战术安排等，以满足运动员的需求和提高训练效果。此外，还可以与其他教练和专家进行讨论，获取更多的意见和建议，以全面优化训练计划。

三、篮球训练效果与评估

完成中周期的训练后，会对训练的效果进行评估，以确定下一阶段的训练计划。篮球训练效果和评估是评估一个球员或球队在训练过程中取得的进展和成果的方法。

（一）篮球训练效果和评估指标

1. 技术水平

评估球员在运球、传球、投篮、防守、篮下动作等方面的技术水平的提高程度。

2. 体能水平

评估球员的耐力、爆发力、速度、敏捷性、灵活性等体能指标的改善情况。

3. 战术理解

评估球员对战术战略、球队合作和个人角色理解的程度。

4. 比赛表现

评估球员在实际比赛中发挥的表现和成绩，包括得分、篮板、助攻、抢断、盖帽等数据和技术动作。

5. 对抗能力

评估球员在模拟比赛中的对抗能力和适应性。

6. 心理素质

评估球员在训练和比赛过程中的自信心、集中力、应对压力能力等心理素质的提高情况。

评估这些指标可以采用不同的方法，包括技术测试、体能测试、比赛录像分析、教练评估和观察等。同时，对训练计划的调整和改进也可以根据评估结果进行。

教练员如何在训练的同时，准确地对学生的训练效果进行评估呢？一般可以采用具体的表现目标进行观察，还可与测试目标进行对比。表5-3是初高中阶段篮球训练的阶段性目标测试表格，测试内容可以根据周期目标进行制定。

表5-3　阶段性目标测试

时间	纵跳摸高	边线间17折跑	3/4场冲刺跑	3200米	90秒投篮
9月					
12月					
4月					
6月					

阶段性目标测试主要针对体能及投篮、运球速度等可以量化的指标，主要是通过阶段性周期训练后对学生个人体能、技能的发展状况进行评估，以了解学生的体能及主要技术的发展情况。一般而言，阶段性目标测试更多针对初中及高中学生，主要考虑到学生的承受能力及对这些数据的理解。小学段学生一般采用表现性目标测试，如表5-4所示。

表5-4 表现性目标测试

序号	具体表现	达成与否
1	在左边向前行时以左手运球	
2	持球时应注视篮筐形成三威胁姿势	
3	比赛中防守时要伸手封阻对手投篮	
4	比赛中发生失误后快速回防	
5	采用左手投篮前进时用左手运球	
6	滑步时两只脚不要交叉或并腿	

表现目标对于青少年球员而言是极为重要的。它强调的是球员在训练中的行为，而不是行为的结果。这意味着，这些目标都以球员为中心，取决于在训练中做到了什么，而不是他们所做事情的后果；它能帮助球员专注于自己的行为，让他们采取更富有成效和益处的训练方法与态度；表现目标评价能对目标的可行性作更实际的评量；能形成一个简单、可靠的结果评估；允许球员使用自己的行为来衡量自己的进步；球员在行为与结果之间建立有帮助的应变措施；有利于增强球员的自信及动机。

结果目标作为评价时，会对青少年球队造成强烈的负面压力。在小学阶段的少年篮球队伍中，建议使用表现目标评价，避免使用结果目标。

（二）青少年篮球训练评估目标设置

过程性目标设置的合理性与训练计划的评估效果有关，怎样合理制定评估目标呢？应该以激励方式，以学生个体最近发展区设置为评估目标，通过队员阶段性的努力训练达成目标，对于青少年而言，无疑有积极的促进作用。

1. 评估目标必须是清晰、明确、可观察的

实行阶段性的短期目标是增强球员不断进步的动机。因此，设定短期目标是很重要的。评估目标均应具体且明确地定义，而非一般性或模棱两可。

例如：针对弱侧手训练制定观测目标是：用左手投篮、以手指运球或在特定防守位置能同时看到球和对手，就能够给青少年建立具体的练习概念。相对于一般性或模棱两可的目标，如更好地投篮及更好地防守。这种模糊的评价就很难理解或者判断自己的行为是否达标。

2. 训练计划的评估目标要贴近球员的最近发展区

评估目标对球员具有吸引力，又是实际可行的。具有挑战性、吸引力的目标能唤醒球员的兴趣，但前提条件必须在球员能看见目标通过自己努力可以实现时才能保持。

一个有吸引力但不切实际的目标会带来的问题是，当球员感觉到设定的实行计划无法达成的时候，会放弃甚至产生抱怨情绪。反之，若球员感觉到他想要的目标是可以达成的话，他们将更努力地去完成。当目标实现后且球员面对进一步的目标时，他的自信及动机就会被增强。容易实现或要求太高的目标均不适当，目标的挑战性应能激发球员，太简单的目标尽管有吸引力却没有挑战性。这就是设定目标贴近队员最近发展区域的重要性。

3. 运动团队共同目标与个人目标设定

球队在训练过程中，若单纯设立球队的共同目标，个人的动机就很容易减弱。若过分地追求个人数据，相应的团队的整体配合会因为队员的个人表现而导致球队整体配合不佳。因此，基于团队目标建立的基础，根据队员具体的位置或特点，设置个人目标，在个人技能发挥的基础上带动团队运转。

例如：比赛过程中为提高防守效率，限制对手的得分，可以分别给不同位置的队员设定目标；抢篮板球次数、干扰投篮、突破夹击、对方重点队员的投篮次数等，通过个人目标来促进球队共同目标的完成。

第六章

创新学校青少年篮球训练案例总结及分析

　　学校青少年篮球训练受场地、器械、队员成长、家长期望、队伍成绩等诸多因素的影响，这些影响会造成校园训练开展的不稳定性。因此，校园篮球的队伍构建、持续发展受制于诸多限制，别有一番辛酸。当然，校园篮球展现出来的主动参与、激情、快乐等元素也赋予校园篮球魅力。本章从一支篮球队构建、日常训练、比赛等学生故事及家长的心声，对篮球影响青少年的成长进行分析，从侧面反思，学校青少年篮球训练该如何开展？学校篮球除了运动快乐、获取成绩外，应该带给青少年什么？

第一节　学校青少年篮球训练
创新思路及具体操作

篮球后备人才培养是实现我国篮球运动可持续发展的一项重要工作。原来体校集训模式培养的运动员普遍文化程度较低，我国新时期体教融合与体育后备人才培养一直以来在学术界备受瞩目，但是对体教融合背景下体育后备人才培养模式的实证研究仍较为欠缺。笔者从2016年起在小学开始组建区域篮球训练队，开始长达7年的训练，并对队员的成长跟踪，据此对青少年的培养模式提出观点，如图6-1所示。

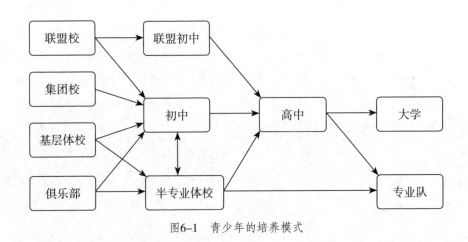

图6-1　青少年的培养模式

在体教融合的背景下，基于校园篮球的普及发展、篮球特色学校的创建、青少年体育专业培养等方面融合考虑，提出青少年篮球人才"一条龙培养及分层分流"的培养模式。此模式以高中篮球为中心枢纽构建模型，小学阶段、俱乐部、少儿体校等多层面的优秀篮球苗子分别输送到初中或业余体校训练，经过3年培训，判断学生是适合走高水平专业训练还是往高中特长生方向发展，使不同发展程度的学生能够得到最适合的发展途径，也避免上不了高水平专业队的青少年荒废学业，有潜力的苗子得到足够的生长空间，在一定程度上可以解决高水平体育苗子的文化学习与训练兼顾的问题。

一、球队简单情况介绍

篮球队建队时以区域学校2006年、2007年段为主的少年男子篮球队，人数15—18人，队员来自不同学校，主教练为区域篮球教练，职业为体育教师，建队时间为2016年，学生的年龄为9、10岁，就读年级为三、四年级；2019至2020年后，多数人逐步进入同一初中。篮球队初期的建队目的是代表区域参加四年一届的市青少年篮球锦标赛，采用的训练模式是周末、节假日集训，训练时长120—150分钟；进入初中阶段后，篮球队既兼顾区队比赛任务，又承担学校的参赛任务，队伍的训练模式改为每周训练与假期集训结合。初中三年后，队伍基本解散，学生分散至市区各所高中，其中多数人以篮球特长生继续在高中阶段参与篮球训练，个别青少年进入专业队训练。

二、教练理念

育人为根本，篮球训练与办学特色与育人目标结合，致力于高水平篮球人才培养是训练队组建的目的。教练的理念是让每一位球员都成为最优秀的自己，能够在篮球场上找到快乐。组队后迅速建立球队规范，形成球队的文化，明确教练、家长的责任与球员该遵守的规章制度。

（一）教练员责任

教练的首要责任是帮助青少年树立正确的价值观；对青少年篮球培训工作乐在其中，能够改善青少年的身体发展；改进篮球基本动作；增强战术意识；通过多种方式进行团队训练。在训练期间，组织家长与青少年进行一系列活动，如广清徒步穿越、异地系列友谊赛、队内嘉年华（表彰会议）、家长与球员联谊、比赛总结分享等，旨在进行团队共建，促进家校合作，通过教练与家

长为青少年树立正确的价值观。

（二）训练守则

建立有效的训练守则，并邀请家长与队员共管。尊重教练和队友，遵守纪律包括遵守训练计划，准时到达训练场地；在篮球训练中应该遵守安全规则，要穿着适合篮球运动的服装和鞋子，并携带必要的篮球防护装备，保障运动安全；尊重竞争队友、遵守比赛规则。

篮球是一项团队合作的运动，尊重和团队合作是非常重要的。青少年篮球训练遵循守则的核心是尊重、纪律、安全和公平竞争。通过遵循这些守则，青少年能够在训练中获得更好的体验和成长。

（三）球队文化

基于共同愿景，多方面构建球队的文化以提高青少年的归属感。通过让队员们自己设计球队的标志、球队的口号、旗帜等，使队员形成强烈的荣誉感，凝练团队。

三、训练周期与安排

根据球员的特点及培养方向，以发展提高学生基本功为主要任务，在不同年段中基本知识与技能、无球移动与技术结合、技术组合、简单情境训练、复杂情境训练、比赛运用等占比有所区别，旨在分阶段发展学生的能力。具体情况如表6-1。

表6-1　球队的训练基本情况

时间	训练模式	训练时长（分钟）	主要训练目标	训练主要内容	比赛频率
2016年	周末+假期集训	120	发展控球能力、运传球、投篮、个人防守等基本能力，发展灵敏、协调、快速反应等体能。	球性练习，基本站姿等习惯动作，运、传、投、移动等基本功为主，提高个人攻防能力，简单配合；一般性体能与专项体能结合。	队内比赛（每次训练）+交流赛（4周一次），集训期间一周一次。

续 表

时间	训练模式	训练时长（分钟）	主要训练目标	训练主要内容	比赛频率
2017年	周末+假期集训	120	提高弱侧手进攻能力，局部配合运、传、投组合练习及简单的战术配合；发展速度、爆发力、灵敏性、小关节力量等专项素质。	攻防基本功为主（复杂情境中的运、传、投运用训练、一对一对抗练习），不同情形的突破分球局部配合；反应速度、协调性、关节力量等体能。	队内比赛（每次训练）+交流赛（集训期间两周一次）+正式比赛（每年2次）
2018年	周末+假期集训	150	发展对抗下攻防能力，能够根据局部情况运用传切、掩护、突分等基本配合发动进攻；应对不同进攻而采用协防、关门等防守策略；提高对比赛的阅读能力。	不同情境下的攻防技术运用，提高投篮能力等基本功练习，学会局部对抗下配合及对延伸变化的应变、专项体能。	队内比赛（每次训练）+（集训期间一周一次）+正式比赛（每年2次）
2019年	每周五次训练，每次90—120分钟；假期集训	150	强化不同位置的进攻方法；全场扩大防守及防守中根据实际情况的轮转防守，对抗下进攻稳定性，攻防转换快速反应能力培养；发展灵敏性及核心力量、速度耐力等专项素质。	后卫进攻、小前进攻、大前、中锋高低位进攻技术；全场攻防转换、半场扩大防守（221、32）速度、耐力、核心力量等体能练习。	队内比赛（每次训练）+（集训期间一周一次）+正式比赛（每年4次）
2020年	每周五次训练，每次90—120分钟；假期集训	150	学会通过假动作运用于各种攻防中；增强同伴间配合意识；提高包夹、卡位、争抢篮板球、随球移动等防守能力，全场比赛的快攻能力；发展快速反应能力及核心力量等专项素质。	不同情境下的攻防练习；假动作摆脱接球进攻；突破假动作传球；高低位策应中锋假动作进攻或短传；半场二对二、三对三接快攻，半场五对五防守反击（快攻）；不同脚步移动综合练习、攀、爬练习，轻器械力量练习。	队内比赛（每次训练）+（集训期间一周一次）+正式比赛（每年4次）

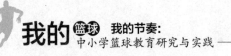
续 表

时间	训练模式	训练时长（分钟）	主要训练目标	训练主要内容	比赛频率
2021年	每周五次训练，每次90—120分钟；假期集训	150	改进个人攻防技能，学会根据具体的比赛情境选择攻防决策。发展上肢力量及速度、耐力，提高动作的稳定性。	对抗下基本功稳定性、半场战术配合、全场快攻，上肢力量、抗阻练习、速度、耐力等专项体能。	队内比赛（每次训练）+（集训期间一周一次）+正式比赛（每年4次）
2022年	每周五次训练，每次90—120分钟；假期集训	150	根据不同位置改进攻防技术，建立团队战术，学会全场压迫性防守、区域夹击等防守体系以及进攻压迫性防守及区域夹击方法。	根据个人情况打磨不同位置进攻技术、团队防守学习（联防、全场一二一）等防守阵型攻防练习；轻器械上下肢力量、橡皮筋抗阻练习。	队内比赛（每次训练）+（集训期间一周一次）+正式比赛（每年4次）

经过长期训练，队伍逐步形成自己的特点。队伍成员的稳定性比较高，队员相处融洽，基本功比较扎实；球队以全场压迫防守及区域夹击为主要防守方式，重视攻守转换及快攻，进攻强调分享球，以团队配合为主，重视外线及突破。

球队成员由城中村学生及部分城区学生构成，家长职业多样化，家庭条件参差不齐，家长重视程度不一，对于孩子的教育影响较大。因此，也可以看到家庭投入较大的孩子得到更好的发展，除了球队的赛事外，他们给小孩儿创设了更多比赛或提高技能的训练机会。进入初中后，大部分进入同一初中，有个别主力流失至其他学校，基本能够保持队伍的稳定性。通过对本案例的建队模式、训练模式进行分析，对于学校特色发展、青少年篮球人才创新培养模式有一定的借鉴作用，尤其是家校协同促进青少年人才培养方面可以起到较好的示范意义。

四、建队后获得的主要成绩

初期进入篮球训练队的队员通过区域小学生篮球比赛选拔组成，后期有个别球员陆续加入，均有一定的篮球基础，队伍总体保持一定的稳定性。在参加篮球训练时基本保持专注的态度，纪律性比较高，家长支持度非常高。由于早期训练只是周末及寒暑假集训，大家都很珍惜训练时间，基本能够做到全员保持训练，训练氛围融洽，一直保持较高的士气及较好的训练状态。因此，组队以后在一系列的比赛中获得优异成绩，如表6-2。

表6-2　球队建队后获得的主要成绩

时间	获奖名称	成绩
2017年8月	广州市青少年篮球锦标赛男子丙组	亚军
2017年11月	广州市俱乐部篮球比赛男子U10比赛	亚军
2018年9月	广州市青少年篮球锦标赛男子丙组	冠军
2018年11月	广州市青少年篮球联盟成员比赛男子	冠军
2018年12月	全国篮球特色校篮球联赛广东赛区	冠军
2019年5月	中国小篮球（广州赛区）U12男子组	冠军
2019年6月	中国小篮球（广东赛区）U12男子组	冠军
2019年8月	广州市青少年篮球锦标赛男子乙组	冠军
2019年8月	中国小篮球（华南赛区）U12男子组	冠军
2020年1月	第一届"北上广"U12小篮球球王赛	冠军
2020年11月	广州市中学生篮球比赛初中男子组	亚军
2020年11月	广东省中学生篮球锦标赛初中男子组	冠军
2021年3月	凯迪拉克中国初中篮球联赛广东赛区	第五名
2021年7月	广州市第六届中学生运动会初中男子组比赛	冠军
2021年10月	广州市第十八届青少年运动会"中国体育彩票杯"篮球比赛男子甲组	冠军
2021年11月	广州市中学生篮球比赛初中组	季军
2022年8月	广东省中学生篮球锦标赛初中男子组	第四名

历经六年多时间，打造了一支成熟的球队，跨越着小学与初中阶段。尽管中间经历很多困难，如资金、训练场地、器材等问题，还有球员的共同愿景、家长对孩子的期待与付出、疫情对于篮球比赛训练的影响等问题，但球队还是一步一个脚印地走下来，并获得了优异成绩。遗憾的是，由于高中考试制度和家长选择，进入高中后，这支队伍的主要成员也分别考取了市内各所高中，开

始了新的征程，队伍就此解散。六年多的时间，队员们建立了深厚的友情，也收获了进步，其中，黄同学入选中国U15篮球集训队，多名球员代表广州市参加省篮球锦标赛并获得冠军。回顾球队的建队思路，在体教融合指导下，学校篮球队建队及区域资源等多方面融合，对于基层体校及学校篮球青少年人才培养有一定的示范意义，是比较成功的案例。

五、篮球课时训练安排及注意事项

篮球课时训练的教学安排必须根据学生的年龄与特点、周期训练任务进行设计与安排，进行一体化的知识与技能设计：基本知识与技能、无球移动与技术结合、技术组合、简单情境训练、复杂情境训练、比赛运用等。

（一）训练任务

以初中篮球队发展个人防守能力及破解盯人防守为训练任务。

（二）训练过程及安排

表6-3　篮球课时训练安排

时间（分钟）	训练项目	器材场地
10	投篮练习	10个球，两人一球，计时投篮
15	拉伸、动态热身	
5	各种滑步	
10	弱侧手全场各种运球变向接投篮	
10	小区域（边长为4米的正方形）一对一运抢球	分4组，16标志桶
15	半场五对五盯防及篮板球练习	
10	三人运球8字掩护（不防守到防守）	
10	弱侧掩护练习	
10	半场三对三攻防	
10	体能练习（计时折返跑）5组	计时器
15	拉伸与总结	

本节训练课设计时间为两个小时。训练前部分的投篮练习一般两人一组，可以采用一投一抢篮板的形式，也可以采用简单掩护、传切等不同形式的投

篮、内外线结合互传球投篮等；训练的前半段更侧重于防守训练，主要考虑到防守练习需要更加专注与消耗体能，相对于进攻练习会略显枯燥，学生在精力充沛时进行防守练习效果更好，后半段进行进攻练习与比赛，即使学生感觉疲劳，也仍然能保持较高的兴趣练习。训练时要根据学生的特点，合理分配训练时间和内容，保证训练的科学性和有效性，同时也要关注学生的兴趣和参与度，让他们享受篮球训练的过程。

（三）课时计划需要注意问题

根据队伍的特点不同，教练员在进行训练时各有自己的风格。但是，基于青少年好动、活泼、更喜欢展现自我、身体尚未完全发育、心智及价值观尚未形成等特点，针对青少年的训练还是必须注意一些细节，使他们能够保持对篮球的热爱，在提高篮球技能中形成良好的体育品格。

（1）每节训练课未必要做到面面俱全，更应该根据队伍风格强调技战术特点与把握好每节课训练内容的侧重点，务必使每节训练课的任务能够完成。

（2）在训练过程既要注重技术教学，也需要注重青少年技能训练与品格形成；关注训练的细节，对于球员在训练过程中展现出来的奋勇拼搏、永不放弃等意志品格更需要鼓励与表扬。

（3）教学步骤一般遵循从简到繁，循序渐进，设计训练范围从小到大，让球员逐步适应。

（4）一般情况下，低年级的球员每节训练最多只能加入25%的新观念，让球员更容易掌握新的知识与技能；而且，技术熟悉前不要过多地进行战术教学，防止对技术动作造成影响，建立错误的动作概念。

（5）形成良好的行为习惯。训练过程需要不停地强调动作习惯，如持球三威胁、跑位呼应等，让球员建立良好的习惯，学会与同伴建立交流渠道，形成配合默契。

六、赛事准备

参加篮球比赛可以让青少年球员不断接触不同球员，了解各种篮球技术，通过实战提高自己的篮球技术水平。比赛中面对对手的防守和进攻，球员会不断尝试和实践不同的技巧和战术，从而更好地理解和掌握篮球的技术要领。比

赛对青少年球员的促进是多方面的，包括体能、技术水平、团队合作、竞争意识和心理素质等方面的提升，有助于他们全面发展和成长。

（一）如何准备一个系列赛

组队开始，球队就有明确的目标，在每一年篮球队均有比较重要的赛事，为获得较好的成绩，就必须认真筹备，从教练员团队、球队选拔、赛前模拟比赛、体能储备等多个环节做好充分准备。

1. 组织团队

确定参赛名单，并组织一支有战斗力的球队，包括参赛队员选拔，确保每个位置都有足够的人选。组建教练员团队，并做好分工，保障临场指挥、队员运动状态提升、后勤保障、对手信息分析等。

2. 训练计划

根据比赛时间制订一个完整的训练计划，包括周期训练计划、每周的训练时间和内容。这些训练计划应该涵盖技术、战术、体能以及球队的配合等方面，并通过队内、队外交流比赛调整球员的状态，检验球队的训练成果。

3. 比赛装备随队药物等准备

检查和准备所需的篮球装备，包括篮球、球衣、鞋子、护具等。确保每个球员都有适合的装备，并确保他们在比赛时保持良好的状态。检查相关参赛证件及药品等重要物品，以防意外事故。

4. 赛前分析

关注比赛分组情况，对即将参加的系列赛对手进行分析和研究。了解对手的强项和弱点，并制定相应的战术来对抗对手。

5. 赛前动员（团队凝练）

培养团队合作精神，通过团队建设活动和团队会议，提高球队的凝聚力和默契度。确保每个球员都理解他们在比赛中的角色和责任，统一战术思想。

6. 比赛策略制定

制定系列赛的比赛策略和战术，根据每个对手的特点和风格来制订比赛计划，包括攻守转换、防守策略、团队配合、重点盯防对象等。

7. 心理辅导

帮助球员建立自信心和积极的心态。通过心理训练和个别辅导，提高球员的专注力和应对压力的能力。

（二）如何指挥一场篮球比赛

教练员是队伍的决策者和战术制定者，现场教练员负责确立比赛的战术，观察场上队员技战术的发挥并发现问题，调动队伍，激励球员的士气，从而提高整个球队的竞技水平，对于比赛的胜负至关重要。如何指挥好一场篮球比赛？它涉及赛前准备、赛中指挥、赛后复盘。教练既要与裁判交流，又要与场上场下球员沟通，能够根据场上比赛的变化做出应变与有效指挥调动。

1. 赛前准备

了解双方球队的实力、阵容和战术，制定比赛计划和策略，对自己的球队进行训练和准备。

2. 熟悉比赛规则

了解篮球比赛的规则，并能够正确解释和应用规则，在比赛中合理运用规则安排技战术。

3. 战术安排

根据自己球队的实力和对手的弱点，制定合适的战术安排，包括进攻和防守策略。

4. 指导球员

在比赛中给球员传授正确的技术动作和战术理念，指导他们如何调整并适应比赛的节奏和对手的变化。

5. 调整战术

根据比赛进程的变化，能够灵活地调整战术和战略安排，包括换人、调整阵容和战术战略；针对重点队员的发挥（如失常怎样调整）、对方重点队员的限制效果等情况，选择处理方法。

6. 激励球员

在关键时刻鼓励和激励球员，调动他们的斗志和士气，帮助他们保持高水平的表现。

7. 控制比赛节奏

根据比赛的需要，合理控制比赛的节奏和速度，使球队能够在最佳状态下进行比赛。

8. 与裁判、对方教练和队员的沟通

在比赛中与裁判进行良好的沟通，争取公平对待；与对方教练和队员互相尊重，保持良好的比赛氛围。

9. 信任每一位队员

信任是每一位队员都能发挥出自己最佳水平的源泉，教练员要帮队员找到发挥自己水平甚至超水平发挥的激励方法。

10. 分析和反思比赛

赛后及时对比赛进行分析和反思，总结经验教训，为下一场比赛做好准备。

指挥一场篮球比赛需要做充分准备：熟悉比赛规则，做好赛前动员，对手战术分析、重点盯防对手的特点分析，战术安排、个别叮嘱、战术分析与比赛遇到情况的处理方法、运动员的心理调适等，赛中灵活调整战术，与球员、裁判和对手保持沟通，赛后及时分析反思比赛。只有具备这些技巧和能力，才能指挥一场成功的篮球比赛。

第二节 创新学校青少年篮球培养模式的总结与分析

在体教融合政策指导下，开展以区域青少年篮球发展为主体，结合特色学校篮球队打造，构建小学—初中—高中校园青少年篮球的培养体系，开辟青少年篮球培养的创新模式。经过七年实践探究，从篮球队的组建、训练计划制订、参赛计划、球员的培养等进行一系列实践尝试，从青少年参与篮球训练获得的成长、区域篮球竞赛成绩、学校篮球竞赛特色发展、家长期望等四方面衡量，体教融合下区校合作共建篮球队的培养模式无疑是非常成功的，不但取得了优异成绩，培养出一批优秀的篮球高水平苗子，也为青少年篮球培养模式提供了参考。

一、关于青少年篮球训练案例的总结与分析

篮球队的构建有一定的背景与任务，就是代表区域参加市青少年运动会篮球比赛。当然，基于教练的考虑，更希望通过小学阶段选材、培训输送到初中及高中，形成一条龙的培养体系，形成可持续发展的人才培养体系，故设计的训练周期更长，对于短期的竞赛任务要求比较宽松。在训练的安排中，早期更侧重于篮球基本功、学生个性化技能、篮球意识、行为规范的培养；进入初中阶段更重视团队配合、对抗能力及灌输篮球的理念。

（一）共同的愿景及明确的建队目的

明确训练目标可以为球员和教练提供指导和方向。共同的愿景可以帮助球员理解教练意图，包括他们需要在训练过程中保持专注和努力的方向，以及需

要优化和发展的技能和能力，提高球员自我发展的内驱力。

相对长期训练的规划，给予学生更多成长空间，让他们体验篮球运动的乐趣，认同参与篮球训练和比赛的意义，能够主动规划自己，控制自己的行为，为他们的成长打下坚实的基础。

案例：自我控制（黄昊翔）

自从选择了篮球这条道路后，我明确了自己的发展方向。我对于自律的要求也提高了很多。在日常生活中，我舍弃了很多娱乐时间，当别人学习完玩乐的时候，我则需要尽量节省时间去进行篮球训练。在饮食上，我自己也有很多的规定，每天的食物基本上就是牛肉、鸡肉、鱼肉、蔬菜、水果等。甜品和油炸食品基本已经从我的日常生活中消失。比赛中的自我控制同样重要，在场上需要控制自己的进攻欲望，在防守端也要求自己更加积极。赛后我还要主动去拉伸、放松肌肉，减少运动受伤的风险。篮球带给我最深的感触还是让我学会了永不言弃的精神。有一年的市锦标赛半决赛，我们在上半场落后20分的情况下，在下半场通过全队的调整和努力成功将比赛逆转。这种宝贵的精神是篮球带给我最珍贵的礼物。

明确的训练目标为篮球训练提供了指导和方向，激励和增强了我前进的动力，促进了发展和进步，并提供了评估和反馈的机会。它们对于球员的成长和教练的篮球训练过程产生的影响都至关重要。

图6-2 黄昊翔

（二）循序渐进，打造球队的比赛风格

篮球是一项综合性的运动项目，在团队的竞赛中通过战术配合制造进攻机会，而每个队员的技能发挥是战术配合成功的基础，它涉及的运动技能有运传球、投篮、篮板球、卡位、抢断等攻防技术，对队员的体能、意志等有很高的要求。技术训练是篮球训练的核心，可以根据不同位置和角色的需求，包括传球、投篮、运球、防守、篮板等技术训练；身体素质训练包括力量、速度、耐力、灵敏度等方面的训练。可以通过力量训练、爆发力训练、有氧运动等来提高球员的身体素质；有进攻战术、防守战术、特殊战术等方面战术训练；心理素质训练可以提升球员的集中力、自信心、应对压力的能力等。

案例中提到，青少年篮球运动员在进入高中阶段前主要以基本功的训练为主，发展球员的篮球意识，进入初中后逐步进行个性化训练，发展各位置技能，提高团队战术配合。案例实践表明，在青少年时期，应重视青少年的基本功训练。只有掌握了扎实的基本功，才能在后续的训练中更好地运用技术和战术，加深对篮球比赛的理解。以球队初期的主要对手为例，尽管在三、四年级的比赛中连续输给同一对手X队（市内其他区队伍），原因是对方有比较高大的队员（小学四年级达到180cm），而且普遍身体对抗能力强，据对方教练介绍平时训练强度较大，队员比较早进入体能专项训练。但进入第三年后我们已经可以轻松击败对方，到了初中阶段，已经很难发现X队队员在赛场上的身影。

青少年在成长过程中，不同年龄阶段有不同的体能发展敏感期，对篮球运动的认知也受生活经验及知识的限制，故篮球训练应该遵循科学训练原则循序渐进，具体的训练计划和方法要符合青少年的身心发展，根据青少年实际情况进行调整和完善。切忌揠苗助长，唯成绩论，而忽视青少年兴趣、篮球基本功、良好行为规范的培养。

（三）适度竞争和培养团队意识

篮球是团队项目，也是对抗性项目。在比赛中，12人队伍里面只有5人在场上拼搏，出场时间、球权控制、关键球处理等都需要教练员去引导队员，避免因队内竞争而导致团队涣散。篮球适度竞争与团队意识培养是篮球运动中非常重要的两个方面。

适度竞争指的是球员之间在比赛或者训练中的相互竞争，通过竞争促进球员的进步和发展。团队意识则是指球员之间的团结合作意识，强调团队的整体利益高于个人利益。适度竞争可以激发球员的潜力，提高他们的竞技水平。在适度竞争的氛围中，球员会相互切磋、互相激励，不断提高自己的技术、战术水平。适度竞争还可以培养球员的心理素质，他们可以学会应对压力和挫折，增强自信心和毅力。

然而，适度竞争并不意味着要争夺个人荣誉和利益，而是要保持团队合作和团结的精神。团队意识是团队成员彼此信任、合作、互相扶持的意识和行为。在篮球比赛中，没有一个球员能够独立取得胜利，只有通过团队的协作和配合才能够最终取得胜利。为了培养团队意识，篮球队可以采取一些措施。首先，队伍在训练与比赛中要营造出和谐友好、积极向上的氛围。其次，教练要注重培养球员间的相互沟通和合作能力，通过团队活动和合作训练来增进团队认同感。最后，注重培养球员的集体荣誉感，强调个人的成就必须为整个团队做出贡献。

案例：篮球中的团队协作（欧晓洋）

打篮球是一项团队运动，要想在比赛中取得胜利，就要掌握一些团队协作技巧。团结协作，需要在比赛中发挥各自所长。团结协作，需要在密切配合中建立默契。真正的篮球比赛是五对五，不是一对一，不需要那么多的个人英雄主义，一味地单打独斗只会在很大程度上伤害球队，破坏队伍的团结协作，更是在很大程度上培养起了对手，人数越多，需要的团队合作配合程度就越高。

图6-3 欧晓洋

如果是正式比赛五对五，球员的意识、跑位以及队友间的默契会更重要。过去许多的比赛经验告诉我们，用脑子打球，队友间的沟通比只靠个人、靠身体打球更重要。在我受过的那么多专业训练中，不管是国内的还是欧美的，特别是欧美的篮球理念，永远都要把球运转到最好的机会点上，追求的是合理流畅团队化。（比如像我们2022年省中学生篮球锦标赛八进四淘汰赛关键战打××中学，最后时刻落后1分，暂停过后我们坚决执行教练的战术，没有一味地想着当所谓的"英雄"，而是把球运转到有利位置上造就了绝杀，这才是团队的胜利。）

在团队中，信任和尊重是必不可少的。球员们需要相互信任和尊重，相信彼此能够完成工作，并尊重彼此的意见和决定。这种信任和尊重能够帮助球员更好地融入球队，并提高球队的凝聚力和战斗力。

在团队合作中，我们学会了倾听他人意见、尊重他人选择，并且将个人利益融入整体利益当中。这些都是我们在生活中需要具备的素质。

适度竞争与团队意识是相辅相成的，适度竞争可以促进球员的个人进步，团队意识则是保证整个团队的利益最大化。只有在合理的竞争和团队合作的氛围中，篮球队才能够取得更好的成绩。

（四）个性化培养和选择相信你的队员

每一位球员都是一个独特的个体，有自己的长处，也有自己的弱项，作为教练员应该在赛场上最大限度地发挥球员的长处，降低球员的弱项对球队的影响。当然，在平时需要根据球员的特点加以个性化培养。篮球训练个性化培养是指根据每个篮球运动员的个人特点和需求，量身定制和开展的训练计划和方法。个性化培养的目的是充分发挥每个运动员的潜力，提高其篮球技术、战术水平和整体素质。个性化培养的核心是了解每个运动员的身体素质、篮球技能、心理素质、战术理解等方面的实际情况，然后结合其个人发展目标进行量身定制的训练计划。具体来说，个性化培养可以包括以下几个方面。

1. 技术训练

根据每个运动员不同的技术特点和薄弱环节，有针对性地进行个别或小组的技术训练。例如：对于一个投篮不稳定的运动员，可以加强其投篮基本功和不同情境下的对抗投篮练习；对于一个上篮能力不足的运动员，可以进行强化上篮训练，加强辅助核心力量等相关要素的提升。当然，更重要的是把运动员的特长变得更加突出，如善于投三分的球员，要加强其速投、干扰下投篮、持球突破等能力，打造极致威胁力。

2. 身体素质训练

根据每个运动员的身体素质水平和潜力，制订相应的体能训练计划。例如：对于一个力量不足的运动员，可以重点加强力量训练；对于一个速度不够快的运动员，可以进行爆发力和灵敏度的训练。

3. 心理素质培养

了解每个运动员的心理特点和心理需求，教练可以通过心理辅导、压力管理等方法，帮助运动员建立自信心、控制情绪、保持专注等心理技能。

4. 战术理解和应用

根据每个运动员的篮球智商和战术理解能力，个性化培养可以在战术训练中有针对性地进行指导和训练。例如：对于一个战术理解能力强但执行能力不足的运动员，可以通过反复演练和模拟比赛情境来提高其战术执行能力。

相信你的队员。尽管，每个人对于篮球理解不同，身体条件、技术掌握程度不一致，但篮球始终是团队项目，教练心中完美的主力阵容并不足以完成整场比赛。比赛场上，教练要做的是相信每一位球员，相信他们能够给球队以动力，这种信任是互相的，它能够激励每一位队员，提升士气，树立信心。

案例：相信你的队员（温家伟）

每一位球员都有自己的特点，温家伟同学身材不高，技术粗糙，攻击力弱，战术意识不强，但身体强壮，执行力强，在场上总能激发队友的斗志。在省篮球锦标赛决赛中，对阵对手有位冲击力强的队员，屡屡撕破我们的防线，造成很大的威胁，前三节我们打得艰难，比分落后。为了抑制对方强点，我让温家伟同学上场盯防对方的主力队员，只要求他做好两件事：防守贴身和卡位抢篮板。在队友们都投来不信任的目光时，我只说相信自己的队友。温家伟同学上场后，专注于执行全场盯防，尽管进攻端毫无贡献，但他成功抑制住对方的主力得分。后来他说："陈教练跟我说你就负责盯防那个主力，还有卡好篮板球就行了。于是，我坚决执行这个任务，针对对方重点队员进行全场盯防，即使防得很累，但我还是在场上奔跑着。如果抢到篮板球，就传给老大哥，最后我们拿下这场胜利，这就是球员执行力重要性的体现。"

图6-4　团队

总之，篮球训练个性化培养是根据每个篮球运动员的个人特点和需求，为其量身定制的训练计划和方法。通过这种个性化的培养方式，可以最大程度地发挥运动员的潜力，提高其篮球水平和整体素质。

（五）品格形成重于技能训练

篮球是一项需要综合素质的运动，非常倚重于规则，篮球运动开展的根基在于遵守规则，比赛胜负在两者实力相当时更倾向于意志坚定的队伍。体育品格是指一个人在体育活动中所表现出的道德、公平、团队合作等品质。

首先，体育品格的形成能够提高球员的道德观念。篮球比赛中，球员需要遵守游戏规则、尊重裁判员和队友，实行公平竞争。通过体育训练，球员能够培养自觉遵守规则的习惯，形成正确的价值观念。对于青少年成长而言，品格形成无疑比球技更重要，甚至比胜利更重要。

其次，体育品格的培养能够促进球员的团队合作意识。在篮球比赛中，球员需要相互配合、互相支持。体育训练的过程中，球员学会关心他人、理解他人，通过团队合作来实现共同的目标。这种团队合作能力在日常生活中，也能帮助球员更好地与他人相处。

最后，体育品格的培养还能够促进球员的竞争意识和毅力提升。体育训练中，球员需要时刻保持积极的竞争心态，不断挑战自己的极限。通过训练，球员能够培养坚持不懈、勇于面对困难的品质，掌握战胜困难的能力。

案例：信念（郭梓昊）

在整个初中三年，陪伴我最多的无疑就是学习和篮球了。篮球像是我成长路上无形的引路人，它教会了我很多，也给我带来了很多，有荣誉，有挚友，有宝贵的回忆。初中三年最让我记忆犹新的就是初二那年的省赛，面对各市强队一路过关斩将闯进八强，最后坚持拼搏来到四强。面对强大的对手，每个人都好像失去了信心，被对手震慑，但陈教练没有放弃，他对我们充满了信心，给我们打足鸡血，让我们放下包袱轻装上阵，三节半的时间我们两队比分紧咬，没有人愿意放弃，场上的人咬牙防守、场下的人喊破喉咙加油打气。最后，我们坚持下来，以小比分获胜进入决赛。来自外界的议论认定冠军不可能是我们，但我们没有被言论击倒，反而把它变为我们的动力。回首决赛你说"累吗"，肯定累；靠什么拿到冠军，我想那一定是每一个人的坚持和团结。我记得决赛换人时间被切得很碎，每个换上的人眼里都透露出胜利的信念，在场上专注于比赛，咬牙坚持，不畏强敌，打出了广州一中的风采。这个系列赛让我成长了很多，让我知道不管在球场上还是在生活中，不论遇到什么困难，都绝不能否认自己，要有自信，在困难中砥砺前进、坚持奋斗，终会享受到成功的喜悦。

图6-5　郭梓昊

因此，篮球训练中，体育品格的培养要比技能训练更重要。只有具备了良好的体育品格，球员才能正确对待竞争，尊重规则和对手，与队友团结协作，在竞技中取得更好的成绩。技能训练只是完成篮球技术动作的手段，体育品格则是让队员终身受益的品德修养。

（六）篮球运动与青少年健康促进

参与篮球运动对青少年的健康促进作用很大。它既锻炼了身体素质，也培养了团队合作和自信心，是一项全面发展的运动。青少年通过篮球运动，不仅可以提高身体素质，还能够培养良好的意志品质和积极向上的生活态度；与队友一起合作、协作，共同追求胜利。在比赛和训练中，青少年可以与队友交流沟通，提高社交能力。健康促进也是很多家长愿意选择篮球，培养学生运动兴趣的缘由。

案例：家长对陪伴小孩儿在篮球赛场上成长历程的感悟

小学阶段一直陪小孩儿去全国各地训练和比赛，感受很深，因此提议家长们要尽可能地培养孩子去喜欢上一项运动，而这项运动最好是有竞技性的，有对抗的，一定要有输赢的，如篮球项目。小孩子参加篮球比赛今天输了三分，哭两下；明天赢了五分，他笑着哭了。在输赢的不断切换下，他的抗挫折和抗压的能力不断提升，绝对不会抑郁！所以说体育运动能带给孩子们的体育精神，那是永远陪伴他们一生的，那种体验不是文化考试考高分能给予的，身心健康是孩子最重要的1，后面可以加无数个0，才变得有意义。作为一个普通家庭的父母，孩子学会面对失败和不怕失败的精神，比他学会如何去赢、如何考高分、如何考名校更为重要！

从培养优秀体育生的历程来看，进入初中到考大学的六年，是学习和参与篮球训练兼顾最艰难的阶段，孩子必须经历中考和高考，文化成绩须达到要求才能进一步上高中或大学深造。如果让家长对训练及学习分个主次的话，建议在保证学习成绩的基础上进行篮球训练。小孩儿从北京大学附中回广州一中重点班，篮球方面，在荔湾获得市运会、中运会冠军和省中学生赛绝杀入四强……这些都是1后面的0，一步步走来还是靠前面那个1。健康对于孩子成长而言是最重要的。

案例：学霸的篮球感悟（张耀翔）

小学接触正规篮球培训，到高中渐渐减少了时间投入训练与比赛。但我也

一直在打篮球,并把它视为一项技能与爱好。不变的是热情,变的是对篮球的感悟。

最初对篮球的概念很模糊,认为场下苦练无非是为了荣誉,夺冠的感觉令我欢欣。输球后的总结与努力训练让球技磨炼,我认识到了付出才有收获。至于荣誉的意义、篮球的意义没有思考,训练、总结多半是被动的,这是当时的局限所至。上了初中后,我渐渐对篮球的定位清晰起来。它对我的影响分两个方面:教育和娱乐。我将篮球训练与比赛对我的经验帮助运用到生活与学习中去,于无形之中成长,这是教育方面的。日常生活里,一味地学习反而增加负担,产生负面效果,跟同学下课后、放假中一起打篮球都能缓解学习压力,放松紧驰的大脑并有助于日后的专注。有一项爱好很重要,这让我真正感受到篮球带来的纯粹乐趣,因为它不掺杂利害、压力,专注其中就有乐趣。

图6-6 张耀翔

高中正规训练少了,跟朋友打球时间多了。但我开始珍惜每一次训练与比赛,并发现教育的和娱乐的篮球可以结合:不要把训练和比赛看成负担、任务,要抛去杂念,专心感受其中的乐趣。享受它,这才是篮球的魅力。以前我认为训练是枯燥的,如今却发现它是提升自己的唯一机会。我防守不好,训练就尽力滑脚步,想着日后脚步变得灵活,技术在努力中弥补,这是纯粹的满足感;与队友快攻配合,考验默契与团结,这是友谊与分享的乐趣;在比赛中专注完成自己的任务,用头脑与意志尽力拼抢每一球,这是自我价值的体现。篮球可能没有意义，但在我们专注于这项运动本身所带给我们的丰富人生历程中赋予了它意义。场上场下都保持专注，专注于提升自己，专注于得到的乐趣，不去想荣誉，而是绞尽脑汁总结不足，朝着更好的方向前进，都是我们成长的过程。体会它，如同我回想一路走来的篮球历程，本身就是一种娱乐。

可能我以后没有太多正规训练篮球的机会了，但它一直会是我生活中的内容。其实只要打篮球时专注于此，学习时专注于学习，并在专注中竭尽全力，就能感受其乐趣而不留遗憾。这就是我对篮球的理解。

篮球赋予青少年成长的影响不仅仅在于场上的快意驰骋、奋力拼搏，还有对胜利的喜悦、失败的沮丧。家长、学生对于篮球的认同，不仅仅是因为它能带给孩子快乐，最重要的是帮助孩子形成健康的身心、顽强的意志品格和健康生活方式，它对孩子成长的影响将持续一生。

综上所述，案例对于青少年篮球训练的启示主要有重视基本功训练、个性化培养，细心观察、适度竞争和培养团队意识、体育品德的形成。这些启示对青少年篮球运动员的成长和发展具有积极的示范作用。

二、青少年训练案例所带来的启示

在上述案例中，可以了解到青少年成长的点点滴滴，离不开教练员的引导、家长的支持及区域和学校提供的平台与资源。在体教融合的背景下，它对于区域资源整合、学校特色办学、青少年高水平体育培养起到了较好的示范作用，对于体育特色学校的办学思路有较好的启示作用。

（1）通过区域与学校合作训练模式，青少年的篮球技能得到大幅度的提高，他们通过篮球专业顺利进入初中、高中，当中有进入国家青少年集训队的队员、市代表队成员、名校球员。在篮球生涯初期获得成功，对于树立信心及成长起到较好的促进作用。

（2）对于区域而言，区域与学校合作开展青少年篮球培训成绩优异，硕果累累，既为区体育事业做出了应有的贡献，同时也启示篮球甚至其他项目。本案例中的区域与学校所引领的体教融合人才培养模式有较大的示范意义。

（3）对于学校而言，篮球队获得一系列比赛成绩，扩大了社会影响力。在收获了大量荣誉果实的同时，也培养了一批高水平体育运动人才。通过该项目

实践，验证体教融合下学校特色办学的思路，通过及早布局，以集团校、区域特色学校开展联合人才培养值得推广。

（4）对于家长而言，无疑是幸福的。看着自己的孩子健康成长，获得成功的体验，走上自己喜欢的道路，并借此踏上较高的台阶（高水平训练或更好的就读机会）等，为孩子进一步成长夯实基础。

校园篮球的目的在于不断扩大我国的篮球人口，而增强体质、掌握技能、完善人格是校园篮球三位一体的目标。只有让更多青少年参与到篮球运动中来，通过篮球增强体质、提高技能、锤炼意志，中国篮球的未来才有希望，中国篮球运动的水平才有望真正得到提高。

参考文献

［1］中华人民共和国教育部.普通高中体育与健康课程标准（2017年版2020年修订）［M］.北京：人民教育出版社，2020.

［2］季浏，钟秉枢.普通高中体育与健康课程标准（2017年版2020年修订）解读［M］.北京：高等教育出版社，2020.

［3］中华人民共和国教育部.义务教育体育与健康课程标准（2022年版）［M］.北京：人民教育出版社，2022.

［4］季浏，钟秉枢.义务教育体育与健康课程标准（2022年版）解读［M］.北京：高等教育出版社，2022.

［5］刘永峰，陈睿，张铭鑫，等.中国特色篮球发展之路：内涵、困境与未来［J］.上海体育学院学报，2023，47（7）：53–63，86.

［6］周珂，张伯伦，李相龙，等.《义务教育体育与健康课程标准（2022年版）》中结构化的理念体现、要义表征与实现路径［J］.体育教育学刊，2022，38（4）：2，10–15.

后 记

体育承载着国家强盛、民族振兴的梦想。体育强则国强，国运兴则体育兴。

《体育强国建设纲要》明确要"全面推动足球、篮球、排球运动的普及和提高"。"三大球"计划凸显了"三大球"在整个体育发展过程中的带动作用，扩大了它们的影响力和受众面。篮球运动作为大众喜欢的体育项目，能集中展示体育的教育功能；青少年篮球项目的普及与提高，更在一定程度上让其成为体育健康促进的先行载体，能够促使更多青少年投入体育运动中，从而增强学生体质、强化以体育人的功能，助推《体育强国建设纲要》中"到2035年，青少年体育服务体系更加健全，身体素养显著提升，健康状况明显改善"的战略目标的实现。

篮球运动很早就进入学校体育并为中国青少年所喜爱，曾经为国人所骄傲与关注；中国篮球球员的成长故事吸引无数青少年投身篮球运动。但中国篮球队在国际赛场屡屡受挫，校园篮球发展受到诸多限制的今天，校园篮球运动的发展何去何从，引起了国人的反思。

从"三大球"计划推出后，2017年全国开始遴选认定全国篮球特色学校及高水平篮球学校等，以坚持普及为主，凸显全面育人，以帮助青少年在篮球运动中"享受乐趣、增强体质、健全人格、锤炼意志"为目标，加强青少年校园篮球的推广普及；以"教会、勤练、常赛"教学模式在全国推广体育教育模式，通过各级赛事搭建平台，帮助学生实现健全人格、锤炼意志，促进篮球技能提高，培养篮球后备人才；通过篮球师资培训促进教学骨干成长。可以说，从训练体制改革、教学实践改革到竞赛平台搭建、师资培养，国家做了大量的工作，也看到全国的中小学篮球人口显著增长。

展望未来，中国篮球的发展应以提高基础篮球教育为主要方向，充分发挥篮球运动的育人功能，吸引更多的家庭与青少年参与到篮球运动中来，各部门各尽其责，真正做到体教融合、家校社一体化，为青少年篮球培育创设良好的条件，夯实基础，专业化发展奠基。

一是家、校、社协同体系，在学校和社区推广篮球运动，推进篮球运动课程建设；加强与社区联动，提供更多的篮球训练场地和教练资源，提高学生对篮球运动的兴趣和参与度；培养更多的篮球人才，扩大篮球人口基数与提高青少年篮球训练的质量，真正实现以篮球撬动体育强国事业的发展。

二是加强制度建设，建立健全篮球职业联赛体系，完善校园篮球竞技体系，提升各层级比赛的水平和竞争力。加大教体融合力度与深度，加强校园篮球高水平人才的培养力度，为小、初、高、大学进行一条龙及分层分流的培养篮球高水平运动员提供政策支撑。

三是改善篮球教学、训练条件，加大对篮球场馆的建设和改造投入，提高篮球训练和比赛的场地及设施水平。加强篮球器材的研发和生产，提供不同年段青少年适用的场地条件及篮球装备。

四是加强篮球师资及裁判员的培训，提高比赛的管理和指导水平。分级分类，创建不同年段、性质的篮球赛事和比赛机会，组织更多青少年和业余篮球比赛，为广大篮球爱好者提供展示自己和提高实力的机会；多种途径举办或参与青少年国际篮球赛事，增加中国与世界顶级球队的交流与合作。

五是推动篮球文化建设，加强青少年篮球赛事的宣传和推广，提高青少年篮球比赛的知名度和影响力。鼓励和支持篮球电影、纪录片、图书等作品，打造篮球文化品牌。

总体来说，中国篮球发展的方向是推动篮球运动的普及化、专业化和国际化，从而提高中国篮球的整体实力和影响力。

从体育强国到健康中国，人民的健康、人民的体质、人民的幸福都是一脉相承的。少年强则国强，为促进青少年健康搭建舞台，是中国篮球运动发展应担负的责任。